写作常谈

鲁迅 等著

济南出版社

图书在版编目（CIP）数据

写作常谈 / 鲁迅等著. —— 济南：济南出版社，2024.11. —— ISBN 978-7-5488-6821-7

Ⅰ. H15-53

中国国家版本馆 CIP 数据核字第 2024WM9507 号

写作常谈
XIEZUO CHANGTAN
鲁　迅　等著

出 版 人	谢金岭
责任编辑	范玉峰　尹海洋　张冰心
责任校对	罗益星　朱金辉
装帧设计	胡大伟
出版发行	济南出版社
地　　址	山东省济南市二环南路1号（250002）
总 编 室	0531-86131715
印　　刷	山东联志智能印刷有限公司
版　　次	2024年11月第1版
印　　次	2024年11月第1次印刷
开　　本	145mm×210mm 32开
印　　张	7.25
字　　数	105千字
书　　号	ISBN 978-7-5488-6821-7
定　　价	49.00元

如有印装质量问题 请与出版社出版部联系调换
电话：0531-86131736

版权所有　盗版必究

目 录

上 篇

为什么要作文 …………………… 胡怀琛 / 002

作文秘诀 …………………………… 鲁　迅 / 006

作者应有的态度 ………… 夏丏尊　刘薰宇 / 011

作文的基本的态度 ……… 夏丏尊　刘薰宇 / 019

作文之拟题 ……………………… 阮　真 / 025

写作闲谈 ………………………… 郁达夫 / 056

记事文 …………………………… 章衣萍 / 059

叙事文 …………………………… 章衣萍 / 077

小品文 …………………… 夏丏尊　刘薰宇 / 124

如何写抒情散文 ………………… 胡怀琛 / 149

为什么要注重叙事文字 ………… 梁启超 / 155

下 篇

作文教学法 ……………………… 梁启超 / 164

不应该那么写 …………………… 鲁　迅 / 186

写作杂谈·文脉 ………………… 朱自清 / 189

论教本与写作 …………………… 朱自清 / 194

文学修养 ………………………… 老　舍 / 204

储蓄思想 ………………………… 老　舍 / 213

不怕，不慌 ……………………… 老　舍 / 217

青年文学者的座右铭 …………… 陈颉录 / 221

略谈题材 ………………………… 胡依凡 / 223

上篇

为什么要作文

胡怀琛

学生为什么要作文？先生为什么要教学生作文？就是因为国文是发表思想或感情的一种工具。学生要作文，就是要练习运用这种工具。先生要教学生作文，就是把运用工具的方法，教给学生。有许多人说："多读些书，就会作文；会说话，也就会作白话文。"这话很不对。我们学作文，固然要多读些书，固然要会说话。然不能说，多读了书，就会作文；会说话，就会作白话文。

这个道理，很容易说明白。先说读书和作文的关系罢。书上所有的，都是他人的作品；我们只将他人的作品读熟了，在作文的时候，至多也只能套几句老调，自己不能有丝毫变化。这就是只有口的练习，而缺少了脑筋的练习。请问这种没有变化的老调，能够充分发表自己的思想或感情么？甚且只有口的练习，而缺乏了手腕的练习。这句话怎样讲呢？就是口里能够念得出，手里写不出。学生在课堂里作文的时候，往往想到一个意思，却无法写得出来；或是写了出来，叫他人看不明白。这就是脑筋少了练习的缘故。又有时想到一句很好的句子，但是这句子的中间，有一个字，或两三个字，不知道怎样写法；有的就写了别字，自己也没知道。这就是手腕少了练习的缘故。这不是我的理想，乃是实在的情形。想做教员的，在看卷子时，常常看见里面有许多不知所云的话，或是常常看见卷子里写了许多别字；做学生的，在作文时，也常常感到话说不明白，字写不出的困难。这就可证明我的话不错了。

　　再谈到说话和作文的关系。在白话文里，虽然文就是话，话就是文；然而话是口说的，文是笔写的。代表这句话的几个声音，口里虽然说得出；代表这句话的几个字，手里却写不出。怎能说会说话就会作白话文呢？再有一层：说话是和人家当面说的，有许多地方，不用细说，彼此可以了解。作文却不是如此，作文的人和读文的人，不是当面谈话。也许读文的人和作文的人，漠不相关。我们作文的时候，若照当面谈话一般地写下来，人家看了，一定有许多不能了解的地方。试举一件顶浅近的事，做一个例。譬如：两个人同立在花园里，一个人说道："这里的空气很好！""这里"两个字，当然是指花园；那听话的人，没有不明白的。譬如：有一人，他早晨起来，走到花园里去，觉得空气很好，就用铅笔写一个纸条子，寄给他的朋友，说道："这里的空气很好！"只这一句话，并没说明他是在什么地方；他的朋友，也不曾知道这时候他是在花园里。那么，接到他的信，读道："这里的空气很好！"读罢，一定不明白所谓"这里"是什么地方。同是一句话，当面说，便可以了解；写在信上，便不能了解。这是一个很好的证据，可证明说话和作文不同。这样一句很浅近很简单的话，尚且如此；比较深一些、复杂一些的话，那不同的地方更多了。

　　以上说明白了，只读书，未必会作文；会说话，未必会作文。不得不用一番练习作文的功夫。唯一的练习方法，就是多作。

文是发表思想或感情的工具,作文是运用工具。虽然有了工具,还要知道运用。要能够运用,一定要练习。因此,学生必须作文,先生必须教学生作文。

作文一课,不但是中等学校有的,小学、大学都有。然而小学校里,从造句起,到作短篇的文为止,往往只能做到记简单的事,达简单的意为止;稍为复杂一点的文,便不能作了。总而言之:还缺乏了充分的练习,还不能够充分地言所欲言。至于到了大学里,那又不是作得通不通、妥不妥的问题。专门研究文学的,比清通妥当,更要进一步。不是专门研究文学的,他拿文做工具,去陈说他种学问,文字当然要清通妥当,而这种程度,又是要在中等学校里预备好了,不是在大学里练习的事。如此看来,中等学校里的作文,是顶要紧了。本书所说的,就是在中等学校范围以内的作文问题。

(选自《作文研究》,商务印书馆1925年版)

作文秘诀

鲁迅

现在竟还有人写信来问我作文的秘诀。

我们常常听到：拳师教徒弟是留一手的，怕他学全了就要打死自己，好让他称雄。在实际上，这样的事情也并非全没有，逢蒙杀羿就是一个前例。逢蒙远了，而这种古气是没有消尽的，还加上了后来的"状元瘾"，科举虽然久废，至今总还要争"唯一"，争"最先"。遇到有"状元瘾"的人们，做教师就危险，拳棒教完，往往免不了被打倒，而这位新拳师来教徒弟时，却以他的先生和自己为前车之鉴，就一定留一手，甚而至于三四手，于是拳术也就"一代不如一代"了。

还有，做医生的有秘方，做厨子的有秘法，开点心铺子的有秘传，为了保全自家的衣食，听说这还只授儿妇，不教女儿，以免流传到别人家里去。"秘"是中国非常普遍的东西，连关于国家大事的会议，也总是"内容非常秘密"，大家不知道。但是，作文却好像偏偏并无秘诀，假使有，每个作家一定是传给子孙的了，然而祖传的作家很少见。自然，作家的孩子们，从小看惯书籍纸笔，眼格也许比较的可以大一点罢，不过不见得就会做。目下的刊物上，虽然常见什么"父子作家""夫妇作家"的名称，仿佛真能从遗嘱或情书中，密授一些什么秘诀一样，其实乃是肉麻当有趣，妄将做官的关系，用到作文上去了。

那么，作文真就毫无秘诀么？却也并不。我曾经讲过几句做古文的秘诀，是要通篇都有来历，而非古人的成文；也就是通篇是自己做的，而又全非自己所做，个人其实并没有说什么；也就是"事出有因"，而又"查无实据"。到这样，便"庶几乎免于大过也矣"了。简而言之，实不过要做得"今天天气，哈哈哈……"而已。

这是说内容。至于修辞，也有一点秘诀：一要朦胧,二要难懂。那方法,是:缩短句子,多用难字。譬如罢,作文论秦朝事,写一句"秦始皇乃始烧书",是不算好文章的,必须翻译一下,使它不容易一目了然才好。这时就用得着《尔雅》《文选》了,其实是只要不给别人知道,查查《康熙字典》也不妨的。动手来改,成为"始皇始焚书",就有些"古"起来,到得改成"政俶燔典",那就简直有了班马气,虽然跟着也令人不大看得懂。但是这样的做成一篇以至一部,是可以被称为"学者"的,我想了半天,只做得一句,所以只配在杂志上投稿。

我们的古之文学大师,就常常玩着这一手。班固先生的"紫色蛙声,余分闰位",就将四句长句,缩成八字的;扬雄先生的"蠢迪检柙",就将"动由规矩"这四个平常字,翻成难字的。《绿野仙踪》记塾师咏"花",有句云:"媳钗俏矣儿书废,哥罐闻焉嫂棒伤。"自说意思,是儿妇折花为钗,虽然俏丽,但恐儿子因而废读;下联较费解,是他的哥哥折了花来,没有花瓶,就插在瓦罐里,以嗅花香,他嫂嫂为防微杜渐起见,竟用棒子连花和罐一起打坏了。这算是对于冬烘先生的嘲笑。然而他的作法,其实是和扬班并无不合的,错只在他不用古典而用新典。这一个所谓"错",就使《文选》之类在遗老遗少们的心眼里保住了威灵。

做得朦胧,这便是所谓"好"么?答曰:也不尽然,其实是不过掩了丑。但是,"知耻近乎勇",掩了丑,也就仿佛近乎好了。摩登女郎披下头发,中年妇人罩上面纱,就都是朦胧术。人类学家解释衣服的起源有三说:一说是因为男女知道了性的羞耻心,用这来遮羞;一说却以为倒是用这来刺激;还有一种是说因为老弱男女,身体衰瘦,露着不好看,盖上一些东西,借此掩掩丑的。从修辞学的立场上看起来,我赞成后一说。现在还常有骈四俪六,典丽堂皇的祭文、挽联、宣言、通电,我们倘去查字典,翻类书,剥去它外面的装饰,翻成白话文,试看那剩下的是怎样的东西呵!?

不懂当然也好的。好在哪里呢?即好在"不懂"中。但所虑的是好到令人不能说好丑,所以还不如做得它"难懂":有一点懂,而下一番苦功之后,所懂的也比较的多起来。我们是向来很有崇拜"难"的脾气的,每餐吃三碗饭,谁也不以为奇,有人每餐要吃十八碗,就郑重其事地写在笔记上;用手穿针没有人看,用脚穿针就可以搭帐篷卖钱;一幅画片，平淡无奇，装在匣子里，挖一个洞，化为西洋镜，人们就张着嘴热心地要看了。况且同是一事，费了苦功而达到的，也比并不费力而达到的可贵。譬如到什么庙里去烧香罢，到山上的，比到平地上的可贵；三步一拜才到庙里的庙，和坐了轿子一径抬到的庙，即使同是这庙，在到达者的心里的可贵的程度是大有高下的。作文之贵乎难懂，就是要使读者三步一拜，这才能够达到一点目的的妙法。

　　写到这里，成了所讲的不但只是做古文的秘诀，而且是做骗人的古文的秘诀了。但我想，做白话文也没有什么大两样，因为它也可以夹些僻字，加上朦胧或难懂，来施展那变戏法的障眼的手巾的。倘要反一调，就是"白描"。

　　"白描"却并没有秘诀。如果要说有，也不过是和障眼法反一调：有真意，去粉饰，少做作，勿卖弄而已。

　　（原载于1933年12月《申报月刊》第二卷第十二号）

作者应有的态度

夏丏尊　刘薰宇

　　文章有内容和形式两方面，前面已经讲过。所谓好文章，就是达意表情，使读者读了以后能明了作者的本意，感到作者的心情的文章。应当怎样作法才能达到这种地步，这个问题包含很广，实不容易；但综合起来，最要紧的基本条件却有两个：（1）真实；（2）明确。

　　（1）真实。文章是传达自己的意思和情感给别人的东西。倘然自己本来并无这样的意思和情感，当然不应该作表示这样的意思和情感的文章，不然便是说诳了。近来，许多青年欢喜创作，却又并不从实际生活上切切实实地观察体验，所以虽然作了许多篇东西，却全同造谣一样，令人读去觉得非常空虚。"情者，文之经；辞者，理之纬；经正而后纬成，理定而后辞畅：此立文之本也。"所以作文先要有真实的"情"，才不是"无病呻吟"。所谓"真实"，固然不是开发票或记账式地将事实一件一件地照样写出，应当有所选择；但把很微细的事物说得很夸张，把很重大的事件说得很狭小，或竟把有说成无，把无说成有，都不免成为虚空。

虽然文章是表现作者的实感，往往有扩大、缩小的事实，而同一事物看大、看小也随人随时不同；但这是以作者的心情做基础，不能凭空妄造。用一块钱买一件东西，是一桩很简单的事；但因时间和各人的情形不同，有的人觉得便宜，就说："不过花一块钱。"有的人觉得昂贵，就说："这要一块钱呢！"心情完全不同。但都是真实的，所以没有不合理的地方。"白发三千丈，缘愁似个长""笔落惊风雨，诗成泣鬼神""朝如青丝暮成雪""边亭流血成海水"，这类名句所以有价值，就因它们是表现作者的实感。倘若并没这样的心情，徒然用这样笔法来装饰，便是不真实。

（2）明确。文章要能使读的人了解，才算达到作文的目的，所以难解及容易误解的文章，都不能算是好的。古来的名文中，虽也有很深奥、晦涩，非加上注解不能使人明白的，但这不是故意艰深，使人费解。所以这样有两种原因：一是它的内容本来深奥；二是言语随着时代变迁，古今不同。

文章本是济谈话之穷的东西，它的作用原和谈话没有两样。但用谈话来发表意思和情感的时候，大概是彼此见面的；有不了解的地方，还可当场问清楚。至于文章，是给同时代或异时代任何地方的人看的，很难有询问的机会，万一费解，便要减少效用，或竟失却效用。就是谈话，尚且要力求明了，何况文章呢？

以上两种是作文的消极的条件，不可不慎重遵守。要适合这两种条件，下列几项最要注意。

（1）勿模仿、勿剿袭。文章是发表自己的意思和情感，所以不能将别人的文章借来冒充；剿袭的不好是大家都承认的，古来早已有人说过，不必再讲。至于模仿，古来却有不以为非的。什么桐城派、阳湖派的古文呀，汉魏的骈文呀，西昆体的诗呀……越学得像越好。其实文章原无所谓派别，随着时代而变迁，也无所谓一定的格式。仅仅像得哪一家，哪一篇，绝不能当作好的标准。从另一方面说，文章是表现自己的，各人有各人的天分，有各人的创造力；随人脚跟，结果必定抑灭了自己的个性；所作的文章就不能完全自由表示自己的意思和情感，也就不真实、不明确了。

（2）须自己造辞，勿漫用成语或典故。所作的文章要读的人读了能够得着和作者作时相同的印象，才算是好的，所以对于自己所要发表的意思和情感必须十分忠实。这本不是一件容易的事，第一步功夫就在用辞。用辞要适如其分，不可太强，也不可太弱，不可太大，也不可太小。从来文人无不在用辞上下过苦功夫，贾岛的"推敲"就是最显明的例。法国文豪福楼拜教他的学生莫泊桑有几句名语，很可做教训。

> 因为世间没有全然相同的事物，作者对于事物，要先观透它的个性。描写的时候务须明晰，使读者不致看错。这样，自然和人生的真相才能在作品中活跃。最要紧的事情就是选辞。我们应该晓得，表示某事物最适当的言语只有一个，若错用了别语，就容易和别事物混同。

015　作者应有的态度

他这段话真是至言，作者对于要表示的内容，应该搜求最适当的辞来表示它，不要漫把不适当的或勉强适当的辞来张冠李戴。因此可以说，要对言辞有敏感的人，才能作得出好文章。

晓得这一层，就不至于乱用成语或典故了。成语、典故如果真和自己所要表示的内容吻合，用也无妨，但事实上很难得有这样凑巧的事情。如"暮色苍然"是描写晚景的成语，但暮色不一定苍然，若只要描写暮色就用这成语便不真实了。古人灞桥折柳以送行，本是一种特别土风，"阳关""渭城"也是实有所指；现在这种土风已没有了，事实也不相同了，要描写别离的情况，还用"阳关三叠""渭城骊歌"这类的话，也便是不真实、不明确。又如"莼鲈之思"这句成语，在张翰本是实有这样的情感，若不是吴人，连莼鲈的味都不知道的，也用来表示思念故乡的情感，当然不真实、不明确了。用成语、典故真能确切的实在不多，所以这样的错误触目皆是，非特别留意不可。

和成语、典故相类似，用了容易发生错误的，还有外国语和方言。外国语除了已经通行的或真没有适当译语的以外,都应当避去,因为不懂外国语的人见了这种辞是不会懂的,已懂外国语的人见了这种辞又要感着累赘讨厌。方言非有特别理由,就是没有适当的辞可代替的时候,也不宜用,因为文章中杂用方言,别地方的人读了往往不容易明了。

(3)注意符号和分段。符号和分段,都是辅助文章使它的意义更比较明确的。符号错误,就易使文章的真意不明,或引起误解。同一句话,因符号不同,意义就不相同。例如:

①"大军官正擦额上的汗呢!听见了这句话,遂高声喊道:'全胜!'"这句里"全胜!"本是大军官得意的口吻,所以用叹号(!)表出;若用问号,便是表示那大军官还怀疑别一军官的报告,并且和"遂高声喊道"几个字所表示的情调不称;若用住号(。),情调自然也不合,而"全胜"二字所表示的不过是事实的直述,再无别的意味。

②"我爱他,是很光明的。""我爱他是很光明的。"两句意义全不同:第一句"是很光明的"五个字是指"我爱他"这件事,第二句是指"我"所以"爱他"的原因。

017　作者应有的态度

一篇文章虽有一个中心思想，但仔细分析起来，总是联合几个小的中心思想成功的。为了使文章的头绪清楚，应当把关于各个小的中心思想的文字作成一段；换句话说，就是一个小的中心思想应当作一段，而一段中也只应当有一个小的中心思想。文章的内容若十分复杂，一段里面还可分成几小段。分段的标准或依空间的位置，或依时间的顺序，或依事理自然的秩序，全看文章的内容怎样。至于每段的长短，这是全无关系的。

（4）用字上的注意。为使文章明确和翻译外国文便利，关于第三身代名词，这几年常有人主张将"他"字依性别划分，但还没有一定主张；我喜欢单数在男性用"他"，在女性用"她"，在通性用"它"；多数则用"他们""她们""它们"。"的"字也划分成三个：（A）"的"用作代名词和形容词的语尾；（B）"底"用作后置介词，表示"所属"（编者按："底"在当时用于表示所属关系，今多作"的"）；（C）"地"用作副词的语尾。"那"字原有"询问"和"指示"两种任务；现在也有人主张分成两个，"询问"用"哪"，读上声；"指示"用"那"，读去声。

这些分别，于文的明确很有关系，虽未全国通用，但在个人无论采用与否却须一致，否则误解就容易发生。

（选自《文章作法》，开明书店1930年版）

作文的基本的态度

夏丏尊　刘薰宇

我曾看了不少关于文章作法的书籍，觉得普通的文章，其好坏大部分和态度问题有关；只要能了解文章的态度，文章就自然会好，至少可以不致十分不好。古今能文的人，他们对于文章法诀各有各的说法，一个说这样，一个说那样，但是千言万语，都不外乎以读者为对象，务使读者不觉苦痛厌倦而得趣味快乐。所谓要有秩序，要明畅，要有力等等，无非都是想适应读者的心情。因为离了读者，就可不必有文章的。

要使文章能适合读者的心情，技巧的研究原是必要，态度的注意却比技巧更加要紧。技巧属于积极的修辞，大部分有赖于天分和学力；态度是修辞的消极的方面，全是情理范围中的事，人人可以学得的。要学文章，我以为初步先须认定作文的态度。作文的态度就是文章的ABC。

初中的学生，有的文字已过得去，有的还不大好。现在作文用语体，只要学过了语法的，语句上的毛病当然不大会有；而平日文题又很有自由选择的余地，何以还有许多的毛病呢？我以为毛病都是由态度不对来的。态度不对，无论加了什么修饰或技巧，文字也不能像样，反觉讨厌。好像五官不正的人擦上了许多脂粉似的。

文章的态度可以分六种来说。我们执笔为文的时候，可以发生六个问题：

（1）为什么要作这文？

（2）在这文中所要述的是什么？

（3）谁在作这文？

（4）在什么地方作这文？

（5）在什么时候作这文？

（6）怎样作这文？

用英语来说，就是Why？ What？ Who？ Where？ When？ How？ 六字可以称为"六W"。

现在试逐条说述。

（1）为什么要作这文？这就是所以要作这文的目的。例如，这文是作了给人看的呢，还是自己记着备忘的？是作了劝化人的呢，还是但想使人了解自己的意见，或是和人辩论的？是但求实用的呢，还是想使人见了快乐、感得趣味的？是试验的答案呢，还是普通的论文？诸如此类，目的可各式各样，因了目的如何，作法当然不能一律。普通论文中很细密的文字，当作试验答案就冗琐讨厌了。见了使人感得趣味快乐的美文，用之于实用就觉得不便了。周子的《爱莲说》，拿到植物学中去当关于说明"莲"的一节，学生就要莫名其妙了。所取的题目虽同，文字依目的而异，认定了目的，依了目的下笔，才能大体不误。

（2）在这文中所要述的是什么？这是普通所谓题义，就是文章的中心思想。作文能把持中心思想，自然不会有题外之文。例如在主张男女同学的文字中，断用不着"乾道成男，坤道成女""男子三十而娶，女子二十而嫁"等类的废话。在记述风灾的文字，断不许有飓风生起的原因的科学的解释。我在某中学时，有一次入学试验，我出了一个作文题

"元旦",有一个受试者开端说"元旦就是正月一日,人民于此日大家休息游玩……"等类的话,中间略述社会欢乐情形,结束又说"……不知国已将亡……凡我血气青年快从今日元旦觉悟……"等,这是全然忘了题义的例。

(3)谁在作这文?这是作者的地位问题,也就是作者与读者的关系问题,再换句话说,就是要问以何种资格向人说话。例如:现在大家同在一个学校里,假定这学校还没有高级中学,而大家都希望添办起来,将此希望的意思,大家作一篇文字,教师的文字与学生的文字,是应该不同的。校长如果也作一篇文字,与教师学生的亦不相同。一般社会上的人,如果也提出文字来,更加各各不同。要点原是一致,而说话的态度、方法等等,却都不能不异的。同样,子对于父和父对于子不同,对一般人和对朋友不同,同是朋友之中,对新交又和对旧交不同。记得有一个笑话,有一学生写给他父亲的信中说:"我钱已用完,你快给我寄十元来,勿误。"父亲见信大怒,这就是误认了地位的毛病了。

(4)在什么地方作这文?作这文的所在地也有认清的必要,或在乡村,或在都会,或在集会(如演说），或在外国，因了地方不同，态度也自须有异。例如在集会中，应采眼前人人皆知的材料；在乡村应采乡村现成的事项；在国外，用外国语；在国内，应用本国语（除必不得已须用外国原语者外）。"我们的 father""你的 wife"之类，是怪难看难听的。

（5）在什么时候作这文？这是自己的时代观念，须得认清的。作这文在前清，还是在民国成立以后？这虽是大家都知道的事，但实际上还有人没了解。现在叹气早已用"唉"音了，有许多人还一定要用"呜呼""嗟乎"；明明是总统，偏叫作"元首"；明明是督军，却自称"疆吏"；往年黎元洪的电报甚至于使人不懂，这不是时代错误是什么？

（6）怎样作这文？上面的五种态度都认清了，然后再想作文的方法。用普通文体呢，还是用诗歌体？简单好呢，还是详细好？直说呢，还是婉说？开端怎样说？结末怎样说？先说大旨，后说理由呢，还是先说事实，后加断定？怎样才能使我的本旨显明？怎样才能免掉别人的反驳？关于此种等等，都须自己打算研究。

以上六种，我以为是作文时所必须认清的态度，虽然很平凡，却必须知道，把它连接起来，就只是下面的一句话：

> 谁对了谁，为了什么，在什么地方，什么时候，用什么方法，说什么话。

如果所作的文字依照这里面的各项检查起来，都没有毛病可指，那就是好文字，至少不会成坏文字了。不但文字如此，语言也是这样。作文说话时只要能够留心这"六W"，在语言文字上就可无大过了。

（选自《文章作法》，开明书店1930年版）

作文之拟题

阮真

作文的拟题是现在作文教学上最感困难的问题。教师对于学生作文的拟题，要从无中生有，往往拿不着头绪，想不出一个适当的题目。古今来文人学者所作的文章很多，他们的题目可以给我们采取仿效或翻造的，已是盈千累万；现今报章杂志以及社会上各种常用文字的题目，可为拟题材料的，不知凡几。便是中学生的课卷，各书坊搜集刊行的，中间所列题目，又不知凡几。那么拟题是最容易的事了，还有什么困难呢？但是，我们如果从人文界、自然界各方面无边无际地去想，作文题目的来源是没有限量的，又何止那些古人今人数千百万的现成题目？我们替学生拟题，就该问一问，哪些题目是我的学生所能做的，所要做的？我何以在这个时候教这些学生做这些题目？我们的教学目的和教学进程上是否必要出这些题目？学生做了这些题目是否能在作文的知识技能上得到进步？那么拟题中间就有很多复杂而难解决的问题了。

现在一般教师对于学生作文的拟题，好多是随意的。例如教师昨天晚上做了一个梦，今天便叫学生做《记梦》，不知道教师有梦，学生没有梦，学生对于梦的本身就不发生要作文的动机，更没有兴趣，叫他们记些什么梦，哪个人的梦呢？又如教师身体违和了，就叫学生做《说病》；教师感到雨下得太长久了，就叫学生做一篇《淫雨论》。他如遇到清明就出《踏青》《扫墓》的题目，遇到中秋就出《赏月》的题目，好像清明的艾糕、中秋的月饼，年年都该吃一回这些应时的食品。这派教师的出题，往往取眼前事物，不假思索地随意写下一个。学生有没有话说，有没有文做，他们是不问的。所以有时学生见了题目，叫苦连天，写不出一句话来，只好随便胡说几句，或写些刻板的套语了。

其次是抄袭的。例如《秦始皇焚书坑儒论》《政在养民论》《士先器识而后文艺论》，我看见好多教师出过这种同样的题目，我幼时于第一题做过一次，第三题做过二次。最便宜的是这些题目往往中小学校通做的。据黎锦熙《国语的作文教学法》（见《教育杂志》十六卷一号）篇中说，国民学校的学生，居然也有做《政在养民论》的。不问学生有没有这种识见，便叫他们做这些题目，真是荒谬绝伦了。我在初级师范做学生时，还做过《汉武帝论》，我大意只说了武帝雄才大略，不是穷兵黩武。教师居然说我"出色当行"了。还做过《刘备论》，大意说他不联吴以制魏，逞私愤而忘公敌。教师居然说我"骎骎入古"了。现在一看，不过是写人云亦云的空文章。有些不能人云亦云的同学，见到这种题目，便不知道从何说起了。

又其次是模仿的。新文学家出题，多是模仿小说或时文的。例如《对于……的感想》《……的我见》《自述……的经过》，一本学生的文卷中，这类题目可以发现几次。又如《一个青年的烦恼》《我的人生观》《弱小者的悲鸣》等等。这些题目，不是绝对不宜出的，不过有的太呆板，有的太高远，有的太文艺化了。

又其次是根据教师的学识经验的。譬如教师是个总理的信徒,作文题目也多在总理身上着想了。例如《三民主义救国论》(这是和《政在养民论》相仿的题目)、《调剂劳资冲突在节制资本论》等,这类固然是发挥党义的文字,但中学生或者还不宜做这种大文。譬如教师是个孔子的信徒,题目就多出孔子的格言或经书要义了。例如《不敬何以别乎义》《有德者必有言说》《曰古之贤人也论》,这简直和八股文题差不多了。又譬如教师是个文学家、国学家,也就教学生多作文学、国学的研究题目了。

我以为教学生作文如要达到教学的目的是要有计划的,所以绝不能毫不思索地随意写一个题目;替学生拟题是要斟酌时地环境和学生的程度的,所以绝不能抄袭模仿;替学生拟题是要根据学生的学识经验和生活需要的,所以绝不能根据教师的学识经验。那么作文的拟题确是极重大而困难的问题,我们不能不加意研究了。

关于作文拟题的问题很多,我要分四项来说:第一是拟题的预备问题;第二是拟题的方法问题;第三是题面的修辞问题;第四是题目的限制问题。这四项问题之中又有许多的小问题,现在分别讨论如下。

一、拟题的预备问题

教师对于学生作文的拟题，在一学期教学开始之前，应当有些大体的计划与事前的经营的，这就是拟题的预备问题了。事前的计划定好了，预备妥当了，倘使临时有些偶发事项，在我们的教学计划上很可利用它得到功效的，那么我们不妨取作题材，或者变更预定计划的某一部分。教师按照教学目的与进程预定了计划，然后枪法不致错乱，也不致连掉十三枪，枪枪都不中了。教师在事前预备了题材，然后不致临时想不出题目，随意写个题目教学生乱做；也不致抄袭模仿，或专凭个人的经验随便拉一个去充数了。所以我对拟题的预备问题还要分两项来说：第一是拟题的计划问题；第二是拟题的材料问题。

1.拟题的计划问题。我在上面已经说过，教学生作文如要达到教学的目的是要有计划的。但是这种计划怎样定法呢？我以为要注意下列的几个条件：

（1）要认清国文教学的宗旨目的与读文作文的教学进程标准。（这些问题可参看拙著《中学读文教学研究》第二章。）根据这些宗旨目的标准预定一学期或一学年的题目及教学计划。

（2）要注意作文和读文联络。最好在编制读文教案的预习指导项下先将作文题目提出，使学生在读文时就有了作文的目的和动机，那么读文不致毫无目的，漫不经心地忽略过去；作文不致毫无意思地空做，也不致毫无法度地乱做了。（参看拙著《中学读文教学研究》第六章。）

（3）要注意各级学生已有的知识经验，有时还要注意和别的学科联络。例如学生还没有读过西洋史上工业革命史的，不宜叫他们做《论社会主义的起源》；没有读过西洋文艺复兴史的，不宜叫他们做《论宗教革命》和《评马克思唯物史观》一类的文章。

（4）要注意学生的生活需要。教师要在学生所处社会、家庭、学校的环境上和学生将来的职业上去着想，研究他们要做些什么文字，该学些什么文字。

（注）这话不是我一个人杜撰的。我可以拿一个西洋教育家的研究来证明，据克来氏（Cole）在《教学英文的要义》（*The Vital in Teaching English*）篇中说：

一百个学生将来做事的机会,约有二个人要做新闻记者或书记的;在百分比例中,文学家是没有一分可能的机会的。百分中或有十个人要做报告于公众的文字,如医生和科学家的报告,以及律师的辩护文等……百分中大约有四十个人要做赴会演说的稿子。其余的人——或竟可说百分之五十——大都要到了和人家通信时才动手去写信札。写信中所要说的话,大抵为日常生活的事故。

中国的社会环境、职业状况和美国不同,中学毕业生的出路,当然也不同的。如果有人去做一万个以上的中学毕业生的职业调查,我们在作文教学的计划上,也可有些把握。照现在社会的特别状况来推测,我想做小学教员的要占多数;其次是在党政界混饭吃的;其次是投身军界或实业家的;升学习专门学术或职业的很少;做新闻记者的百不得一;做文学家的,恐怕千不得一。那么时髦的国文教师,何以教学生偏重做小说新诗呢?

教师若不在此研究,那么教学上根本没有计划,即使有了好题目,做得好文章,在教学的目的上看来还是错误的。例如世界书局出版的《全国学生作文成绩》（民国十一年辑）上，居然有《蛙声赋》《讨蝇檄》《讨蚊檄》《迎冬文》《送春文》一类的题目，我们不必问他的文章好坏，就可断定学校里根本不该出这种文题了。即使有一二个学生特别做得好，全班学生的成绩如何呢？

（5）要注意哪几种文体学生要有相当的练习，用哪种方法练习，使教学上不致偏颇罣漏，专用一种方法做一类题目。例如民国十一年辑的《全国学生作文成绩》，史论题在各类中占了多数；民国十七年辑的，又是些空论和小说新诗占了多数了。在各校的实际教学上去看一看，竟有一个教师的作文题偏重一类文体的呢。

（6）要注意各种学生的兴趣不同，多出几个题目让他们选择一个去做，或者把题目定个范围，叫他们在范围中认定一部分或一方面去做（参看《中学读文教学研究》第六章，预习指导项下）。

（7）题目要有变化。因为我们要学生从多方面去练习，达到我们的教学目的。我们要知道除了几个文人，多有人请他做整篇的文章以外，平常人在社会应用上很少做整篇的文章的。我们天天要动笔，除了著书、作论文、作报告以外，有时写些布告，有时写个条子，有时写些函件，有时写些计划和说明，很少做整篇的文章，更少做起承转合完全的古文的。现在一般教师出题目什九都是教学生做整篇的文章，我以为这是大错的。因为这种题目，无论新旧，还是科举时代遗下来的错误观念和习惯，毫不根据生活需要的。但是，现在一般中学校，教师学生都已习伪成是，还以为这是作文的正路。我们非打破这种习惯不可。所谓题目的变化，就是要根据生活需要的途径，用各种不同的方法去练习作文罢了。我在下面还要专论练习，此处不说了。

2. 拟题的材料问题。题材的来源是没有限量的。所以便是古今文人、诗人、小说家要求作品的胜人，多在慎选题材。我们教学生练习作文，怎能不慎选题材呢？选取题材所要注意的有两点：

（1）实际的题材要合于学生的生活经验。孟宪承先生在《初中作文教学之研究》（见《教育杂志》十七卷六号，并见《中学国文教学论丛》）篇中说：

> 要使学生作文时有思想情感要表白，先要题目合于学生生活经验的内容。……在我们实

际生活里说话作文是为了有事实要记载,有意思要陈述,有问题要讨论。我们谈话、演说、辩论;我们写信,作笔记、日记、新闻报告以及论文,一样都是生活上的需要。……学校作文,要能供给这种需要。

孟先生这话是很不错的。譬如我听人说,生长南洋的小学生不能懂得"雪"字的意义是代表什么东西。我们如果从学生的生活经验上仔细研究,便是中学的作文题,也有许多出乎学生的理解力与判断力之外的呢。例如民国十七年辑的《全国中学国语文成绩大观》中有一篇题目是《老子哲学与生殖器崇拜》。我细看文章,学生所说的话,大概是教师所讲的。但我们要问教师本身对于这个问题是不是一知半解呢?学生根据教师一知半解的讲说,便做了一篇文字,是不是他自己要做的呢?是不是他的经验理解所能及的呢?

作文要供给学生的生活需要,固然是不错。但还要从练习的方法、文章的体裁上留意一下,方可达到目的。孟先生也说:"不能专靠单调的命题式的作文,而须多方面地变换作文的方式。"譬如现现在中学生多喜作小说新诗，而题材多是婚姻问题、恋爱问题，教师要讨学生欢喜的，也就多出这类题目。这似乎合于学生的生活需要了。但是，如果学生不要做专门的文学家的，就不该多做小说新诗，因为作文的体裁和方法，在学生的生活需要上占重大的位置，比小说新诗更重要得多着呢。即使为专门的文学家计，如果要求作品有永久的价值，在现在的中国社会生活上可做的题目也多着呢。譬如有枪有势的军人，杀人如杀狗，拉夫如拉牛，人权毫无保障。我们的文学家看不见吗？兵匪、盗贼、乞丐、流氓到处皆是，天灾人祸相继不断，有几处树皮草根不足以鼓腹，而继以食人，民生陷于绝地。我们的文学家看不见吗？奴婢公然地买卖，庸医公然地杀人，人民多无知识，各种迷信事业仍有根深蒂固的势力。我们的文学家看不见吗？人民重利轻义，寡廉鲜耻，败德丧身之事，层出不穷。我们的文学家看不见吗？所谓神圣的教育界，也有为党派权利，做出千奇百怪的教育行为，千奇百怪的模范人格的。我们的文学家都看不见吗？何以只有些人人做滥的婚姻问题、恋爱问题，偏讨学生欢喜呢？由此可知创作的文学家不善选题材，模仿的中学生更不善选题材了。我希望自命新文学家的教师和学生仔细去想一想！

（2）假设的题材要使学生用自我的经验去体会，而为他的想象所能及的。实际的题材有时而穷，那么我们在教学上不能不借重假设了。学生的作文事事要合于生活经验是不可能的。所以大部分要借重假设，要学生用已有的生活经验做根本，去推想经验中未有的事理，使他们能够充分发展这些想象力、推理力，才是作文教学的成功。但是如果题材中所含的事理和实际经验离得太远，或是太复杂了，学生的想象推理无从生根，那就不免要失败了。譬如教中学生做《中国现在财政万分困难宜如何设法办理以图救济策》，这是政府咨询财政专家的题目，中学生做这种题目一定要失败的。不料竟有高小学生做这个题目呢！（据黎锦熙《国语文的作文教学法》所言。）孟宪承先生在《初中作教学之研究》篇中说：

> 多玛斯著《中学英文教学法》（Thomas: *The Teaching of English in Secondary School*），以学生自我为中心，罗列一千零七十九个好题目，计分七类：一、以自我做兴趣的中心；二、以自我代第二个人格说话；三、自我的意见；四、

自我的疑问；五、自我的想象；六、自我读书的材料；七、自我的观察。

所谓以自我为中心，就是要合于实际经验，或根据经验所得的知识去想象推理罢了。我以为我们中文的作文题，也须做一番同样的研究。嘉定吕云彪、杨虎臣合编的《作文题目五千个》（广益书局出版），自天文、地理、时令、政治、武备以至饮食、衣服、居住，一共分了四十二大类，更分了数百个细目，这无异古时的类书，但因不从学生的经验上、社会的需要上研究，所以对于实际教学上，几乎毫无用处。我以为要研究中学实际教学适用的作文题，一方面要从社会常用的实际文字上去研究，一方面要从全国中等学校学生的实际文卷上去研究，不能依着类书凭空杜撰的。

二、拟题的方法问题

我们为学生拟题是要学生练习作文，不是要考学生的作文，像从前的府考、县考，命题作文就完事的。学生本来不想作文，我们在教学上要利用题目，原是不得已的事。所以我们的拟题，要给学生一些良好的刺激,引起他们作文的动机和兴趣,使他们有话要说,不能不说;有文要做,不能不做;那么我们的题目在教学上可算发生了功效。我们要希望得到这些功效,那么不能不注意拟题的方法问题了。拟题的方法,除了利用学生个人的实际需要事项而外,就不能不用设计的方法了,所谓设计,就是从各方面假设一些环境或问题,使学生在这些环境和问题中,感觉到作文的需要。教师应该想一想,我们自己平时的作文,除了兴会所至,写些诗歌文艺之外(其实这也是我们心灵上的需求),都是在某种环境或问题上感着必要而做的。我们在这些环境或问题上感觉到有意思感情要发表,才拿起笔来写文。有时人家请我们来做些墓志寿序以及庆吊、祝挽的诗词联语,我们觉得非常讨厌。因为我们本来自己没有意思感情要发表,却要替人家硬说假话,这种"为人作嫁"的工作,"言不由衷"的文章,我们是很不愿意做,只是无可奈何的时候,不得不敷衍应酬罢了。哪知道学生在班上做教师所出的题目,也是同样的境况,他们也不过在无可奈何之中,不得不敷衍应酬罢了。那么还有什么好文章做出来?我们又怎能达到教学目的呢?

不过学生在学校里天天上课下课，生活很是单调，他们很少要作文的环境和问题；他们又没有文学的素养，很少感到有做诗文的兴会；即使两者都有了，但他们的作文还在练习时期，他们的环境和问题或兴会所引起的动机未必适当，也许竟和我们的教学计划背道而驰。那么我们不能不帮助他们假设一些环境和问题，去引起他们作文适当的动机，以求贯彻我们的教学计划，达到我们的教学目的了。在学校作文拟题的方法上可以利用的机会约有五项。

1. 利用学生的实际需要事项。一个学生在他的实际生活上发生了作文的需要，这是我们教学计划上所求之不得的；我们必要特别注意利用这种机会。譬如学生要写信给学校、家庭、朋友，要写公函呈文给公署机关，要草团体的宣言，要做哀挽祝贺的文字，要做计划报告的文字，学生的家庭要写关约、券契的文字，一般不知做法或懒得自做的学生，往往请教师来代做。教师遇到这种机会必要教他一些方法，给他一些榜样，教他自己去做。学生做得不好的，然后再替他修改，切勿替他代做。我遇到这种机会，老用这个办法的。不过有些狡猾的学生知道了我的脾气，往往明天早上要用的文件，今天晚上才来请我做，说他自己来不及了，要我立刻做好。这也许是他们功课太忙，或功课以外的工作更忙的缘故。但我们总要指导学生自己去做才好。

2. 利用读物。学生课内外所读的书或文章，里边往往有意义可以发挥，有问题可以讨论，有文字可以摹拟或翻改的地方，这也是作文好机会，在这中间出题目，学生容易有话说，有文做，而且在作文的法度上也有准则。在指导阅读的时候，教师就该教学生留意的。这种读作联络的方法，可以作为教学的主干，教作文的经常方法。这个方法是我自己常用的。

3. 利用定期刊物。学生往往有课卷做得不好而在刊物上发表的文字很可观的。这是什么缘故呢？因为课卷是敷衍教师的，所以潦草塞责；刊物上的文字是他自己要发表的，也许多看一些参考书，多用一些功夫。那么教师就该注意利用学校定期刊物（如周刊、旬刊、月刊、级刊等）使学生多有发表的机会，感到作文的需要了。这种刊物上分门别类的文章，一面可令学生各任所长，在教师的指导下自己择题作文；一面可在课文内设计拟题，择优发表；还有些刊物的进行上必要的文字，如通告、启事、新闻、记载、报告、通讯等等，也可令学生分门担任，每期或每月变更他们的职务，必使各个学生平均都有些普遍的练习。因为我们利用刊物，目的在于练习文字，这也可说是一种设计的方法。我在南高读书时，课内作文很少，课外作文很多。因为我担任了三学期的日刊总编辑，一期的校友会杂志总编辑，一期的暑校日刊总编辑，一暑假的南京学联会编辑科长，几乎逼得我天天要作文，而新闻纪事的删改，又是天天必不可少的工作。遇到几个时期因为编辑员不负责任，便独自一人来撑台柱。在中等学校里刊物的编辑撰述，我们要注意使各个学生平均工作。倘使教一个人负了专责，他便觉得太麻烦，不得不敷衍，而一般学生不能得到普遍的练习了。现在已有刊物的学校很多，但有的全由教师负责，有的专教几个高材生负责，这样似乎教师可以省些事，但仍然不能利用刊物到普遍的作文教学上去了。

　　4.利用校内服务事项。现在中学生校内的服务机关，有自治会，有研究会，还有什么同乡会、游艺会等等。这些机关，都有少不了的例行文字或特种文字，这是教师不能不顾问的。有些教师看见学生所出的布告写得不通,标语写得背谬而没有意思,演说说得语无伦次,不过摇一摇头罢了。我以为教师应该以善意加入学生团体,指导学生。不过在现在反常的教育状况之下,教师加入学生团体是很犯嫌疑的。在学生方面误为教师要去干涉他们,在同事方面误会你和学生联络,另有作用了。但是至少教师也该搜集这些学生的写作,在课内批评订正,或教他们重行练习。

5. 利用社会服务事项。现在中学生的所谓"爱国运动""社会服务"不过游行开会,喊几声"打倒",叫几声"万岁",最好的也不过做些监查仇货、游行演讲罢了。我以为要利用学生做社会服务,仍然要施行我们的教学计划,达到我们的教学目的,绝不能听学生去半嬉半闹,毫无计划目的地乱做的。譬如家庭工艺的调查、国货产物的调查、失学儿童的调查、失业人数的调查、民众教育的实施、卫生运动、农业指导以及各种改良风俗的演讲,都是可以利用学生去做的很切要的社会服务。在这些服务中,教师便可因材施教、因地施教,使学生得些切实的知识经验。杜威说学校的社会化,是要把学校和社会打成一片,并不是抛弃了学校的教学计划和目的教学生去做些胡闹的活动。譬如以作文教学而言，各项调查是要有计划的，那么便要学做计划书；调查中间的过程，要笔记，要通告，要组织材料，最后还要做成报告，那么在这些工作中间就可练习各种应用文字。至于各种讲演、口语和笔述的练习，都是不可少的。教师能够利用这种的设计，不是可得到很好而切实的作文题目吗？

以上所述五项，第一、二两项是属于实际的，第三、四、五项是属于设计的，教学上有了种种设计，便是假设的也就变为实际。有人说你所说的五项，不过是利用机会，却不是拟题的方法了。其实不然，我们倘使不从这些机会上着想，等到上作文课拿起粉笔写题目的时候，还有什么方法呢？倘使无边无际地去着想，还不是写些《秦始皇论》《汉武帝论》，以及《讨蝇檄》《讨蚊檄》，上自皇帝，下至微虫吗？

总之一句，我所谓作文拟题的方法，就是要生活化、实际化。有实际生活需要的机会，我们固然要利用；没有实际生活需要的机会，我们也要假设环境，造成机会，去做问题设计。至于题目怎样写法，那是题面的修辞问题，不是拟题的方法问题了。

三、题面的修辞问题

讲到题面的修辞问题,好多讨论作文教学的人都没有说到。只有钱基博《学校文题之讨论》(见《教育杂志》七卷七号)专在这问题上讨论得很详细。钱先生那篇文章,共分为四项讨论:甲,预备题材;乙,修整题面;丙,含蕴题义;丁,缀标文体。他在甲项说得非常简略,乙、丙、丁三项却说得很详细。但是,题面的修整与否,题义的含蕴与否,缀标文体的得当与否,都可属于题面的修辞问题。我对于钱先生所说的乙、丙、丁三项,有些意思要补充,就在本节讨论一下罢。

1. 修整题面。钱先生讨论这个问题,立了两条原则。"一曰标题明确;次曰修辞简当。"他举了几个不明确的标题,阅者可以参看原文,我可不必重说了。我现在且引他一段自己出题的经验语如下:

> 仆忆甲寅七月中旬,曾欲制一书简题,初拟《谢七夕小饮书》,继思古人之所谓书,大都长篇大论,一饮一啄之惠,何须刺刺累幅不休,乃改"书"字为"小启"二字。继又思"小饮

小启"四字中两"小"字相碰。……重改"小饮"两字为"招饮"两字,于是预宴而致谢忱,或不赴宴而道其歉忱,可一任作者之自由构思矣。继思七夕已逾旬日,乃于题首冠一"追"字,曰《追谢七夕招饮小启》自谓妥适矣。既以示友人某君。……君曰既为假设之事,似不可不冠一"拟"字,以醒眉目。仆乃亟叹制题之匪易易。

我对钱先生所定两条标准,很有相当的赞同;而看他拟题这样慎重,也很佩服。不过我以为如为高小或初中(按钱先生此题为高小学生拟的)学生拟题,还要注意学生的心理习惯与思想层次。所以文人制题,愈简愈好;而为学生拟题,有时不可过简。若以此题论,不妨改为《友人七夕招饮不克赴会致书婉谢》或《七夕自友家饮归作书致谢》。这样可使学生思路清晰,措辞易于得当,不致因题目多了几个字嫌它不简当呢。至于"书"字,今俗通用,似可不必泥古。作文假设之题甚多,苟非特指名者,可不必用"拟"字。譬如作《拟苏武答李陵书》,那便不能不冠"拟"字,否则变成真的苏武李陵了。"追"字有无,亦可不拘。即古人书简,事后答谢,也不加"追"字的。至于题面不修整,甚至含糊不清,自相刺谬的题目,据我看见过的也有不少,可以不必讨论了。

2. 含蕴题义。所谓含蕴题义,就是说标题中要有丰富的涵义,可以让学生自由发挥。钱先生说:

……吾侪教室命题作论说文字,一以审验诸生理解力优劣为主旨,务须为作者留思考地步。即如某某等校作文有题曰《养心莫善于寡欲说》,曰《士先器识而后文艺论》,曰《振兴实业要在提倡国货说》……曰"莫善于",曰"先",曰"后",曰"要在",其事理是非得失,早于题中一口断定,更何余地容作者推考?极作者之能事,不过顺题之口气,依样画一葫芦已耳。更何从验作者之理解力程度如何者?

仆则谓其箝制儿童之意思自由,妖阏其思机已甚。故授儿童作推理文字,其题义宜稍含蓄也。

我以为所谓论说,该要分别来讲。推论之文与辩论不同,说明之文与说喻又不同。推论重在推理判断；辩论要在反复辩诘；说明主在解析详明，事理透达；说喻旨在"能近取譬"，故恒托于寓言，言在此而旨在彼。以上面三题而论，第一题为说明文，这是人人承认的格言，作者只要朴实说理，没有推论辩论的必要，题上缀明"说"字是不错的。第二题加一"论"字，则应为辩论文。而辩论文题的写法当为"士人于器识文艺孰为重轻论"，不当在题中确定先后了。不过这也是古人的格言，如果题词不改，便不当着一"论"字了。第三题本属教师自己结构的，如是写法，实属不妥。振兴实业，其道多端，而一口说定要在提倡国货，题词已属根本错误。如果要学生能够自由发挥，当改《吾国当用何法振兴实业论》或《振兴实业该用什么方法》。

我还记得我的弟弟养真幼时去考中学，题目是《后生可畏论》。教一般人做——便教我做——无不从下文"安知来者之不如今也"一语着想的。他却做了一篇反面文字，考了第一。他的大意说："后生而无学无行，则异日为匪徒恶棍，贻害乡里，已属可畏。后生而有学无行，则异日为大奸巨憝，祸国殃民，其可畏不更甚乎？"当时我责他文意太放荡不经了。他不服气，自己辩说："题目明明是论，我不可以自由立论吗？"我被他问得不能回答，只怪教师的"论"字写错了。

这里不过随便举了些例子来讨论。但教师也可知道要题目有丰富的涵义，使学生能自由发挥，那么在题目的修辞上也不能不注意了。

3. 缀标文体。数年前教师出作文题多在题前一字或题后一字缀明文体的，如论、说、叙、记、传、志，等等。但往往有不能相题之宜，误缀文体，以致学生误作文字的。钱先生曾举某校作文题《蓉湖秋月》作记事体，谓此题宜虚写意境，不宜记叙事实，宜作"赋"而不宜作"记"，这话固然不错。然也往往有几个教师太拘泥古义的。例如上面钱先生以"书"体为长篇，"启"体为短文，而于"书"与"小启"之间，大加斟酌，我以为似可不必。这是什么缘故呢？因为常用文体，代代都有变迁，其名称区别由繁而简，这是语言学上进化的公例。譬如古人说马，有"驹"，有"骊"，有"骖"，有"骓"，有"骏"，有"骛"，有"骢"，有"骊"，有"驽骀"，种种分别，现在只说"马"了。有哪个说"马"字不能通用呢？古人说"书"，有"书""札""简""启"之别，现在除"启事"另为一种文体外，都说"书"了，又有什么不妥呢？又如上行公文，古有"表""奏""弹事""密封""露章""疏""札""禀""状""详文"种种名目，现在只用"呈"了，岂非便宜行事，省得麻烦？

钱先生还有一段攻击论说文之说题的话如下：

> 抑仆又见近世学校，明明是一论文题，往往于题尾漫缀一"说"字，则又不知类之甚者也。讵知说之始兴，出于子家之绪余，故自汉以来著述家所作杂说，出于寓言者十尝八九。……其体固兴论文大不侔也。岂意讹谬相袭，遂乃张冠李戴，不辨菽麦一至此乎？以仆所见，普遍一般论说文字，既非"说"体，题尾似不如竟缀"论"字为当。

这话又当有些分别了。我在上面已经说过，说明之文，也可缀一"说"字，若一律改为"论"字，恐怕又失当了。我有一个同事（某校国文教员）曾对我说："论者古义训言有理也。古人经纬大文，方可当得'论'字。现在中小学生居然也做起'论'来，这是大不可的。"照此说来，现在学生说也不易做，论也不宜做了。这不是太拘泥了古义吗？我以为时代变迁，文体同名而异实，同实而异名的很多，据古论今，未免有些不妥了。

现在一般新式国文教师主张题下不缀文体了。这种主张，我也有相当的赞同。时人在报章杂志上发表的文章，什九都是不缀文体的。但我们一看他的题目，便可知道他的文体。那么文体已在题词中表现出来，自然可以不缀了。例如：胡适《新思潮的意义》，我们便知是篇说理文；《国故与国粹》，我们便可知道是篇辨明文；梁启超《为学与做人》，我们便可知道是篇演说文；鲁迅《故乡》，我们便可知道是篇描写文；俞平伯《春水船》，我们便知道是个诗题。不过有些看了题词不易明其文体的，还是缀上文体为是。教学生作文，更要注意这一点。我曾见某校国文教师出一题目为《离家之集美》，这个"之"字，倘作虚字解是不通的，我们就作动词解吧。这个题目，是记途中的事物呢，还是述到校后的感想呢？照题目看来，又有些像诗题了。教我来做，也就没有把握，何况教学生做呢？所以我们替学生拟作文题，除题词中已表明文体者外，还是在题上或题下缀明文体为是。

四、题目的限制问题

题目的限制问题，在作文拟题的问题中，关系比较小些。但在现在的毫无计划的作文教学状况之下，也就成了不可不研究的问题了。我要把这个问题分二项来说。

1. 规定拟题与自由拟题问题。现在有些教师主张作文听学生自由拟题，教师不宜规定题目。他们说："古人文成而后制题，有一题改至十数次，方才惬意的。那么文人作文，先有文章，后定题目的了。现在教学生相题作文，可谓本末倒置。这是教学生做题目，不是作文章了。命题作文是科举时代的考试方式，现在教学生作文，可以不用命题。"（好多新式国文教师都有这种主张。）

这话似乎言之成理的。但按诸教学的计划目的，便觉有些不妥了。学生自由拟题的弊病，我在本书第二章第二节已经说过，此地不必再说。我此地单根据教学的计划目的来讲罢。譬如我们希望学生于文言白话均有相当练习，而学生自由拟题在六年中全做白话或全做文言,我们能否实施教学计划,达到教学目的呢?我们希望学生于各种常用文字均有相当练习,而学生自由拟题,在六年中全做小说新诗,我们的教学计划和目的,又如何实现呢?学生随意去做,是否能按着教学进程循序渐进呢?学生不能自己拟题的,是否不致抄袭模仿,请人代作,敷衍教师呢?我们教学生作文,根本不能把学生和古今文人相提并论的。况且拟题的方法,题目的方式,尽可多方变换,何必因噎废食呢?现在有些学生被新文学家的教师养成了自由自在的习惯,一到第二个教师接手,要想实施教学计划,规定一些限制,他们就老不高兴。有的来要求教师选哪些文章,出哪些题目,这不是"太阿倒持"了吗?我时常拒绝学生这些要求,我以为教者认清了教学的目的进程,预定了教学计划,实施教学,自有全权,难道还要受学生指导吗?现在有些教师一味迎合学生的意思,还把"发展个性""适合兴趣"这些话误解起来,以为学生很欢迎他,他的教法也就是最好没有的了。不知道这不过是学生厌受了古文派教师的教法之后的反动倾向,其实他们还不认得正当的道路。新式的教师可不指示他们一条正当的道路，让他们做了出轨的火车去乱冲乱撞吗？所以我以为教师应该以规定拟题为常道；规定范围，令学生在范围内自由拟题为权变之道。守经达权，两者中间要斟酌妥善。

2. 分别拟题与团体拟题问题。教师刻板式的命题，在全班学生中往往有的能做，有的不能做，确是也有流弊的。有人主张替各个学生分别拟题，这是除了各个学生的偶发事项之外，平时不易实行的。有的教师每次拟一二十个题目，让学生自由选择一个，差不多每个学生有选一个不同的题目的可能。但这也有几种弊病：

（1）学生没有选择力，往往这个题目试一试，那个题目试一试，不知做哪个才好；有的口里咬着笔杆混时间，过了几十分钟不曾下笔，到后仍然敷衍了事。

（2）教师想不出许多题目的时候，也就随便写几个充数，对于教学的计划和目的均不能顾到。

（3）教师出了许多题目，没有工夫讨论解释或指示作法。

我以为规定一个题目教一班程度不同的学生去做，确是不宜；但要出一二十个题目，教学上也很不易。最好按照一级学生的程度出二三个题目。题目的难易不同，性质仍然相似，而教师不妨指定某等学生做某题。

例如：

  甲　共和国民须有自治精神论
  乙　自治与自由
  丙　说中学生自治之利弊

那么学生一看题目，便易认定我宜做哪个题目，不致观望尝试，耽误时间了。如果教师已经知道学生程度的，不妨指定某等学生做某题。

我平时教作文，多用这种方法的。但有时为要考察学生的进步，比较学生的程度，也可教全体学生通做一个题目，不过这种题目应该以最普通、最浅易，确是全班学生都能做的为标准，这便是我所谓团体拟题了。我有时也教学生自由拟题，但我都先定一个范围给他们的。因为我主张我们要实施教学计划，达到教学目的，教学生作文，无论在题目上、文体上、练习上，时间和字数上必要有些限制，有时为特种练习计，还该严格限制。下章再论作文练习上的问题罢。

（选自《中学作文教学研究》，民智书局1929年版）

写作闲谈

郁达夫

一、文体

　　法国批评家说，文体像人；中国人说，言为心声，不管是如何善于矫揉造作的人，在文章里，自然总会流露一点真性情出来。《钤山堂集》的"清词自媚"，早就流露出挟权误国的将来；咏怀堂的《春灯》《燕子》，便翻破了全卷，也寻不出一根骨子。（从真善美来说，美与善，有时可以一致，有时可以分家；唯既真且美的，则非善不成。）所以说，"文者人也"，"言为心声"的两句话，绝不会错。

　　古人文章里的证据，固已举不胜举，

就拿今人的什么前瞻与后顾等文章来看，结果也绝逃不出这一个铁则。前瞻是投机政客时，后顾一定是汉奸头目无疑；前瞻是夸党能手时，后顾也一定是汉奸牛马走狗了。洋洋大文的前瞻与后顾之类的万言书，实际只教两语，就可以道破。

色厉内荏，想以文章来文过，只欺得一时的少数人而已，欺不得后世的多数人。"杀吾君者，是吾仇也；杀吾仇者，是吾君也"，掩得了吴逆的半生罪恶了么？

二、文章的起头

仿佛记得夏丏尊先生的《文章作法》里，曾经说起头的话，大意是大作家的大作品，开头便好，如托尔斯泰的《战争与和平》的开头，以及岛崎藤村的《春》《破戒》的开头等等（原作中各引有一段译文在）。这话我当时就觉得他说得很对（后来才知道日本五十岚及竹友藻风两人，也说过同样的话），到现在，我也便觉得这话的耐人寻味。

譬如，托尔斯泰的《婀娜小史》的起头，说："幸福的家庭，大致都家家相仿佛似的，而不幸的家庭却一家有一家的特异之处。"（原文记不清了，只凭二十余年前读过的记忆,似乎大意是如此的。)

又譬如:斯特林堡的《地狱》的开头,说"在北车站送她上了火车之后,我真如释了重负"云云。(原文亦记不清了,大意如此。)

真多么够人回味。

三、结局

浪漫派作品的结局,是以大团圆为主;自然主义派作品的结局大抵都是平淡;唯有古典派作品的悲喜剧,结局悲喜最为分明。实在,天下事绝没有这么的巧,或这么的简单和自然,以及这么的悲喜分明。有生必有死,有得必有失,不必佛家,谁也都能看破。所谓悲,所谓喜,也只执着了人生的一面。

以蝼蛄来视人的一生,则蝼蛄微微,以人的人生来视宇宙,则人生尤属渺渺,更何况乎在人生之中仅仅一小小的得失呢?前有塞翁,后有翁子,得失循环,固无一定,所以文章的结局,总是以"曲终人不见"为高一着。

(原载于1939年11月19日新加坡《星洲日报星期刊·文艺》)

记事文

章衣萍

普通的作文法，都把记事文分为两种：一是记事文（description，又译作描写文），二是叙事文（narration）。其实，在实际应用上，记事文与叙事文常常混合的。但这个分类很普遍了，我们现在且采用这个分类把记事文与叙事文分开来说。

一、记事文的意义

什么是记事文呢？

记事文是将人或物在某时期中的形态、颜色、性质、位置等，依照作者感觉或想象所及的情形记述的文字。

例如：

话说匡超人睡在楼上，听见有客来拜，慌忙穿衣起来下楼，见一个人坐在楼下，头戴吏巾，身穿元缎直裰，脚下虾蟆头厚底皂靴，黄胡子，高颧骨，黄黑面皮，一双直眼。

(《儒林外史》十九回)

这是描写人的形态的。

广余踏着雪，经过长安街，纵目一望，屋顶是白的，树是白的，路是白的，路上的电线杆也一根根地戴着厚厚的白帽子。

(《友情》第八章)

这是描写雪的形态和位置的。

那权花生得聪明美丽，善得人欢。真是千人见，千人爱；万人见，万人爱。权花自幼便爱好文学的，旧诗词做得很好。

(《友情》第八章)

这是描写人的性质的。

水皆缥碧，千丈见底。游鱼细石，直视无碍。争湍甚箭，猛浪若奔。夹岸高山，皆生寒树，负势竞上，互相轩邈，争高直指，千百成峰。泉水激石，泠泠作响。好鸟相鸣，嘤嘤成韵。蝉则千转不穷，猿则百叫无绝。

（吴均：《与朱元思书》）

这是描写地方(自富阳到桐庐)的形态和位置的。这种例子也不必多举了。但一篇文章中，很少完全是记事文的。我们在长篇小说中，常看见许多处的记事文，但这些记事文多数是很短的。一个小说家常常用很少的句子来描写某时期中的人或物的形态，这些描写以简短而灵活有力为主。在游记中，常常记事文与叙事文或解说文（exposition）联用，以增加游记中文章的活力。

我们现在所讲的记事文，不过指一篇文章中性质或分量上多数是记事的罢了，当然免不了夹了少数叙事、说明或议论的句子的。

二、记事文的分类及写法

记事文可为两类：科学的记事文（scientific

description），艺术的记事文（artistic description）。

（一）科学的记事文

什么是科学的记事文呢？

科学的记事文是用类别或机械的记述，以详细正确为目的。譬如记述一所房屋，科学的记事文是记述该房屋的一定大小、一定地位、一定形式，或者别的机械的情形。科学的记事文的目的是使人一见了然，要写得精细，要写得真实。

普通的教科书，如动物学、植物学、天文、地理等书籍，用科学的记事文最多。但科学的记事文做得好，也可有文学上的艺术意味。正如达尔文的《物种由来》，赫胥黎的《天演论》，有些人也以为是文学的科学作品。又如法布尔（Jean-Henri Fabre）的《昆虫故事》（有林兰女士的节译本，北新书局刊行），以生动有趣的笔墨，记载昆虫界的各种现象，非特在科学上价值很高，即在文学上看来，也是不朽的作品，比一切无聊小说好得多。在中国，只有吴稚晖先生的《上下古今谈》四卷，是十分有趣味的谈科学常识的作品。（注意，上举的各书，记事文中也有说明文、叙事文等相混。）

我们现在且举一些例子：

第一位老大是水星。一颗大粟子，离开太阳一百十兆里。从水星到太阳，每昼夜走二千里的轮船，要走一百五十年。已经是最寿长的，也不能去得一次。

第二位老二是太白金星。一颗次号的豌豆，离开太阳二百兆里。从金星到太阳，轮船走二百九十年。

第三位老三就是我们地球。一颗长足的豌豆，离开太阳二百八十兆里。从地球坐轮船到太阳，说过了，是要四百年。

第四位老四就是火星。一颗大绿豆，离开太阳四百五十兆里。从火星到太阳，轮船要走六百年。老四老五的中间，有五百余颗的小行星。若问到底实数多少，还是没有查清。去年西洋天文台的清单上，是查得五百四十颗。因为小得厉害，差不多都要用千里镜才能看见。定然还有小的，要慢慢地逐渐考察出来。拿他最大的两颗说起来，尺寸便小得厉害。一颗的真尺寸是一千四百里对径，只有月亮的五分之一；一颗是对径九百里，只有月亮七分之一。月亮算做细米，那他们连糠屑算不上了。这五百四十个小儿子，离得太阳爷爷最近的一颗，有五百八十兆里；离得最远的一颗，有一千二百兆里。从最近的一颗到太阳，轮船要走八百年。若从最远的一颗走去，要走一千七百年。从诸葛亮造木牛流马的时候走起，到如今，刚刚恰好。

第五位老五是木星。一颗拳头大的橘子，木星又叫作岁星。说鬼语的风水先生，就把他叫作太岁爷爷。他在八位大弟兄里面，尺寸要算最大，比我们地球是大了一千几百倍。他离开太阳星一千四百兆里。刨去了一点零头计算，轮船要走一千九百年。从耶稣出世的时候，在木星里开船，现在正在太阳里上岸。

第六位老六是土星。一颗中号的橘子，比地球差不多大了一千倍。他离开太阳是二千七百兆里。轮船走起来，要三千七百年。当着商朝的成汤皇帝，正要起兵革命，若土星里的人，在彼时解缆动身，直到如今，还要过了三十年，方到得太阳边上去抛锚。

第七位老七是天王星。一颗中号的梅子，离开太阳是五千三百兆里。轮船要走七千四百年。若从我们伏羲皇帝画八卦的时候开船，那至少还要过了一千年，等我们第三十世的元孙手里，方才能听见说太阳里到了天王星的客人。

第八位老八是海王星。一颗大梅子，离开太阳，去了些零头，好算一点，乃是八千兆里。从海王星乘了轮船，每昼夜走二千里，要走一万一千年。地球同太阳，差不多来往了二十六七次，海王星里的朋友，方才到得太阳一次。

（《上下古今谈》前编，卷二十二，第十三页）

这个例子引得太长了。但我的意思是要人知道，天空的八大行星的记载，写它们的面积大小、远近的位置，当然是最枯燥无味的了。但在吴老头子的手里，便成一段绝妙的文字，带记带叙，十分有趣。

《上下古今谈》是一部青年必读书，比看张资平的流行的无聊小说有趣而且有益得多了。

（二）艺术的记事文

什么是艺术的记事文呢？

艺术的记事文又叫作文学的记事文（literary description），又叫作情绪的记事文（emotional description）。艺术的记事文在小说中用得最多。因为艺术的记事文是要受作者情绪的影响的，作者的感情随时变化，对于某人或某物的观察与描写也就心境各异。艺术的记事文是诉诸作者对某人或某物的情绪的，并且以使看文章的人能够感动为主要目的。科学的记事文注重客观的描写，艺术的记事文则不免加入作者的主观印象。作者的印象因个人的性格、年龄、人生观而各不同。我且不避"自己喝彩"的嫌疑，举出我自己的一段散文做个例子：

> 静穆的午夜已经走了，积雪还没有尽消，柏树显着祈祷的神气站在那里。
> 玄青色的天空，稀疏的星星，明月乘着白云的小车在天空行走。

这是我的小品文《小别赠言》的一小段。这篇文章先在北京《京报副刊》上发表。后来收在我的散文集《樱花集》中。当我将这篇小文在《京报副刊》发表的时候，我看见鲁迅先生，鲁迅先生说："你这篇文章做得很好！"鲁迅先生是素来不容易称许人的，颇使我觉得受宠若惊。他又说："你这文中写景写得很好！可是你的感觉完全与我不同。在我看来，我觉得雪飘飘地飞，天昏昏沉沉的，反觉得很有趣味。"

鲁迅先生小说中写景文的有力是很难学到的。我现在且举出一段小文来做例子：

> 临河的土场上，太阳渐渐地收了他通黄的光线了。场边靠河的乌桕树叶，干巴巴的才喘过气来，几个花脚蚊子在下面哼着飞舞。面河的农家的烟突里，逐渐减少了炊烟，女人孩子们都在自己门口的土场泼些水，放下小桌子和矮凳；人知道，这已经是晚饭时候了。
>
> 老人男人坐在矮凳上，摇着大芭蕉扇闲谈，孩子飞也似的跑，或者蹲在乌桕树下赌玩石子。
>
> 女人端出乌黑的蒸干菜和松花黄的米饭，热蓬蓬冒烟。

（《风波》，《呐喊》，七十七页）

我在前面说过，艺术的记事文不免加入作者的主观印象，但这些主观印象都是从客观的观察来的。我们读过《呐喊》的人，当知道《呐喊》的许多小说，有几篇的背景全是鲁镇。但这个鲁镇，正如张定璜先生所说："鲁镇只是中国乡间，随便我们走到哪里去都遇得到的一个镇，镇上的生活，也是我们从乡间来的人儿时所习见的生活。"我们看上面《风波》中的一段小文，活画出鲁镇的农家的环境风味，晚景幽然。鲁迅先生实在是一个乡村作家，他最会写出中国乡村风景的。我们再引一段乡村的野外风景：

> 我们已经点开船，在桥石上一磕，退后几尺，即又上前出了桥。于是架起两支橹，一支两人，一里一换，有说笑的，有嚷的，夹着潺潺的船头激水的声音，在左右都是碧绿的豆麦田地的河流中，飞一般径向赵庄前进了。
>
> 两岸的豆麦和河底的水草所发散出来的清香，夹杂在水气中扑面的吹来；月色便朦胧在这水气里。淡黑的起伏的连山，仿佛是踊跃的铁的兽脊似的，都远远的向船尾跑去了，但我却还以为船慢。他们换了四回手，渐望见依稀

的赵庄,而且似乎听到歌吹了,还有几点火,料想便是戏台,但或者也许是渔火。

(《社戏》,《呐喊》,二百四十四至二百四十五页)

这是从平桥村到赵庄去的船上晚景。有谁在乡村的晚上坐过船的么?这船上望见的野景何等静穆、幽美!

鲁镇是以酒著名的,我们且看鲁迅先生笔下的鲁镇酒店的情景:

鲁镇的酒店的格局,是和别处不同:都是当街一个曲尺形的大柜台,柜里面预备着热水,可以随时温酒。做工的人,傍午傍晚散了工,每每花四文铜钱,买一碗酒——这是二十多年前的事,现在每碗要涨到十文——靠柜外站着,热热的喝了休息;倘肯多花一文,便可以买一碟盐煮笋,或者茴香豆,做下酒物了,如果出到十几文,那就能买一样荤菜,但这些顾客,多是短衣帮,大抵没有这样阔绰。只有穿长衫的,才踱进店面隔壁的房子里,要酒要菜,慢慢地坐喝。

(《孔乙己》,《呐喊》,二十一至二十二页)

鲁镇的酒店自然很多，但那里的咸亨酒店，是鲁迅先生所不能忘怀的，在另一小说中写着：

> 原来鲁镇是僻静地方，还有些古风：不上一更，大家便都关门睡觉。深更半夜没有睡的只有两家：一家是咸亨酒店，几个酒肉朋友围着柜台，吃喝得正高兴；一家便是间壁的单四嫂子，他自从前年守了寡，便须专靠着自己的一双手纺出棉纱来，养活他自己和他三岁的儿子，所以睡的也迟。
>
> ……
>
> 单四嫂子早睡着了，老拱们也走了，咸亨也关上门了。这时的鲁镇，便完全落在寂静里。只有那暗夜为想变成明天，却仍在这寂静里奔波；另有几条狗，也躲在暗地里呜呜的叫。
>
> （《明天》，《呐喊》，四十九页）

这里写鲁镇的夜深以至深夜。夜深中的鲁镇，咸亨酒店，单四嫂子，老拱们。只寥寥数语，活画出乡村黑夜里的"古风"。

张定璜先生曾说鲁迅先生的特色："第一个冷静，第二个冷静，第三个还是冷静。"但鲁迅先生实在

不是一个冷静的人。否则,鲁迅先生也绝不会来"呐喊"了。我们就在他的冷静记事文中也可以看出:

> 西关外靠着城根的地面,本是一块官地;中间歪歪斜斜一条细路,是贪走便道的人,用鞋底造成的,但却成了自然的界限。路的左边,都埋着死刑和瘐毙的人,右边是穷人的丛冢。两面都已埋到层层叠叠,宛然阔人家里祝寿的馒头。
>
> (《药》,《呐喊》,四十三页)

只有心中有热烈的忍不住的悲哀的人才会写出这样凄恻的冷静句子。

近年以来,自都会以至乡村僻壤,这些冤枉死的"死刑和瘐毙"的青年的馒头,不知又增加了几千几万了!呜呼!

当代作家中会写乡村风物的还有废名(冯文炳)先生。废名的文章,以简洁胜。我手头没有他的小说集,且举出最近《骆驼草》上登的小说《桥》中一段做个例子:

> 家家坟在南城脚下,由祠堂去,走城上,

上东城下南城出去，不过一里。据说是明朝末年，流寇犯城，杀尽了全城的居民，事后聚葬在一块，辨不出谁属谁家，但家家都有，故名曰家家坟。坟头立一大石碑，便题着那三个大字。两旁许许多多的小字，是建坟者留名。

坟地是一个圆形，周围环植芭茅，芭茅与城墙之间，可以通过一乘车子的一条小径，石头铺的——这一直接到县境内唯一的驿道，我记得我从外方回乡的时候，坐在车上，远远望见城墙，虽然总是日暮，太阳就要落下了，心头的欢喜，什么清早也比不上。等到进了芭茅巷，车轮滚着石地，有如敲鼓，城墙耸立，我举头而看，伸手而摸，芭茅擦着我的衣袖，又好像说我忘记了它，招引我——是的，我哪里会忘记它呢，自从有芭茅以来，远溯上去，凡曾经在这儿做过孩子的，谁不拿它来卷喇叭？

这一群孩子走进芭茅巷，虽然人多，心头倒有点冷然，不过没有说出口，只各人的笑闹突然停住了，眼光也彼此一瞥，因为他们的说话、笑以及跑跳的声音，仿佛有谁替他们限定着，留在巷子里尽有余音，正同头上的一道青天一样,深深地牵引人的心灵,说狭窄吗,可是到今天才觉得天是青的似的。同时芭茅也真绿,城墙上长的苔,丛丛的不知名的紫红花,也都在那里哑着不动——我写了这么多的字,他们是一瞬间的事,立刻在那石碑底下蹲着找名字了。

(《桥》,《骆驼草》,十五期)

记事文的写景在小说中是很重要的。小说的角色是人,人不能离地而生,人的性格与自然的环境,很有关系。中国的旧小说如《水浒》《红楼梦》等,大都缺乏对于自然风景有美妙的描写。《老残游记》里也闹出千佛山倒影在大明湖里的笑话。李白说得好:"大块假我以文章。"中国新小说家应如何在自然中领取美感,在文字中细腻地表现出来,这实在比整天坐在洋楼上喝咖啡重要得多了。

上面是说艺术的记事文写景方面的,关于写人方面,我们也举出一些例子:

及至进来一看,却是位青年公子,头上戴着束发嵌宝紫金冠,齐眉勒着二龙戏珠金抹额;一件二色金百蝶穿花大红箭袖,束着五彩丝攒花结长穗宫绦,外罩石青起花八团倭缎排穗褂;登着青缎粉底小朝靴;面若中秋之月,色如春晓之花;鬓若刀裁,眉如墨画,鼻如悬胆,睛若秋波;虽怒时而似笑,即嗔视而有情;项上金螭缨珞,又有一根五色丝绦,系着一块美玉。

这是《红楼梦》中黛玉眼中初见面的宝哥哥。

两弯似蹙非蹙笼烟眉,一双似喜非喜含情目。态生两靥之愁,娇袭一身之病。泪光点点,娇喘微微。闲静似娇花照水,行动如弱柳扶风。心较比干多一窍,病如西子胜三分。

这是《红楼梦》中宝玉眼中初见面的林妹妹。

武松身长八尺,一貌堂堂;浑身上下,有千百斤气力;不恁地,如何打得那个猛虎?这武大郎,身不满五尺,面目丑陋,头脑可笑,清河县人见他生得短矮,起他一个诨名,叫作三寸丁谷树皮。

这是《水浒》中有名的武松和武大郎。

权勿用见了这字,收拾搭船来湖州。在城

外上了岸,衣服也不换一件,左手掮着个被套,右手把个大布袖子晃荡晃荡,在街上脚高步低的撞。撞过了城门外的吊桥,那路上却挤。他也不知道出城该走左首,进城该走右首,方不碍路。他一味横着膀子乱摇,恰好有一个乡里人在城里卖完了柴出来,肩头上横掮着一根尖扁担对面一头撞将去,将他的个高孝帽子横挑在扁担尖上。乡里人低着头走,也不知道,掮着去了。

这是《儒林外史》中怪模怪样的权勿用。

说起权花的娇貌,比以秋月,觉得秋月太淡了;比以春花,觉得春花太艳了。两道蛾眉,一双俊眼,最动人的是那流星般闪动的乌黑眼珠。坐时首常微仰,常显沉思之态;行时衣履飘摇,仿佛安琪儿临凡。但举止间多带庄重神气,不苟言笑,使人觉得可爱可敬而不可犯。

这是《友情》中所写的汪权花。

记述人物要捉着人物状态或性格的特点。陈独秀常说:"《红楼梦》记述人物的衣服装饰太琐碎。"

不知道这正是《红楼梦》的特点所在。《红楼梦》中的小姐们那么多，若不在个人的服装嗜好上着意描写，如何分得出每个小姐的个性来。上面几个例子，如宝玉、黛玉、武松、武大郎、权勿用、汪权花，各人的状态或性格能在很简短的文字里表现出来，就因为捉着了每人的个性特点，所以能使读的人得着一个浓厚的印象。

科学的记事文应该真实，艺术的记事应该美妙。艺术的记事文写的不是粗枝大叶的轮廓，而是他们具体的琐碎的血和肉。科学的记事文应该写得明白，艺术的记事文应该写得含蓄。这就是作者的技巧问题。

（选自《作文讲话》，北新书局1930年版）

叙事文

章衣萍

一、叙事文的意义

什么是叙事文呢？

叙事文是记述人或物在某时期的动作或变迁的过程的文字。叙事文与记事文不同的地方，是叙事文是写行为动作的，而记事文则专写人或物的形态、颜色、性质等；一是动的描写，一是静的描写。

我们现在且举出叙事文的一些例子。

武松走了一直，酒力发作，焦热起来。一只手提着哨棒，一只手把胸膛前袒开；踉踉跄跄，直奔过乱树林来。见一块光挞挞大青石：把那哨棒倚在一边,放翻身体,却待要睡,只见发起一阵狂风来。那一阵风过了,只听得乱树背后扑地一声响,跳出一只吊睛白额大虫来。武松见了,叫声:"阿呀!"从青石上翻将下来,便拿那条哨棒在手里,闪在青石边。那大虫又饥又渴,把两只爪在地上略按一按,和身望上一扑,从半空里撺将下来。武松被那一惊,酒都做冷汗出了。说时迟,那时快;武松见大虫扑来,只一闪,闪在大虫背后。那大虫背后看人最难,便把前爪搭在地下,把腰胯一掀,掀将起来。武松只一闪,闪在一边。大虫见掀他不着,吼一声,却似半天里起个霹雳,振得那山冈也动,把这铁棒也似虎尾,倒竖起来只一剪。武松却又闪在一边。原来那大虫拿人,只是一扑,一掀,一剪;三般捉不着时,气性先自没了一半。那大虫又剪不着,再吼了一声,一兜兜将回来。武松见那大虫复翻身回来,双手抡起哨棒,尽平生气力只一棒,从半空劈将下来。只听得一声响,簌簌地将那树连枝带叶劈脸打将下来。定睛看时,一棒劈不着大虫;原来打急了,正打在枯树上;把那条哨棒折做两截,只拿得一半在手里。那大虫咆哮,性发起来,翻身又只一扑,扑将来。武松又只一跳,却退了十步远。那大虫恰好把两只前爪搭在武松面前,武松将半截棒丢在一边,两只手就势把大虫顶花皮胳搭地揪住,一按按将下来。那只大虫急要挣扎,被武松尽气力捺定,那里肯放半点儿松宽。武松把只脚望大虫面门上,眼睛里,只顾乱踢。那大虫咆哮起来,把身底下爬起两堆黄泥,做了一个土坑。武松把那大虫嘴直按下黄泥坑里去,那大虫吃武松奈何得没了些气力。武松把左手紧紧地揪住顶花皮,偷出右手来,提起铁锤般大小拳头,尽平生之力只顾打。打到五七十拳,那大虫眼里、口里、鼻子里、耳朵里,都迸出鲜血来;更动弹不得,只剩口里兀自气喘。武松放了手,来松树边寻那打折的哨棒,拿在手里;只怕大虫不死,把棒橛又打了一回。眼看气都没了方才丢了棒。

(《水浒》第二十二回)

这一段写武松打虎,武松的动作、虎的动作,都活灵活现地表示出来了。又如:

他立在这船的甲板上。吹下来的西风的对面，是太阳沉没的地方。驹岳隐在云里，当然看不见了。便是礼文华岭也很朦胧，几乎疑是魔女头发一般的缭乱的初夏之云的一部。太阳用了光明之鞭，将聚集了将要咬住的云打开，渐渐沉没下去。受鞭的云，浴着眩目的血潮。余下的血潮，将吓得引退的无数的鳞云染成黄红紫的颜色。

太阳也随即疲倦了，自己身上也受着丛云的血烟，变成烧烂了的洋铜模样。

在坚实的堆积着的云之死骸的中间，因了临终的苦闷，独乐一般的轳辘轳辘的旋转着沉没下去。正如垂死的人之趋死，太阳亦趋于夜。他屏息凝视着。

太阳在瞬息间，少许不见了。在瞬息间，一半不见了。在瞬息间，全个不见了。海水苍茫的一望是青碧。保持着微黄的缓和的呼吸，天空也传递海的叹息。

这一瞬间，万象绝声了。黄昏乃是无声。在那里没有叫唤的昼，也没有微语的夜。临终的可怕的沉默，管领了天与海。天与海成了沉默这事物了。

（有岛武郎：《朝雾》，周作人译）

这是一段极美的文字！写一个人在"船的甲板上"，望见云的变化、太阳的变化、海与天空的变化，以及黑夜的黄昏的来临，是写物的变迁的过程的。

（一）作者的地位

叙事文是记述人或物的动作和变迁的。但作者或根诸直接观察的经验，或根诸传闻的想象。材料的来源不同，则作者的地位各异。叙事文的写法，依作者的地位，可分为三种。

（1）主动的写法。主动的写法，是以作者自己为主体来描写的。一切自传的文字可以说多数是主动的写法。例如《弗兰克林自传》、卢梭的《忏悔录》等书以自己为主体来叙述，都可以说主动的写法。主动的写法可以称为个人的写法（personal narration）。以自己为主体的文章，根据自己的经验，比较容易做，而且容易做得好。我现在且举一段文字作这样写法的例子：

我于一八八一年生在浙江省绍兴府城里的

一家姓周的家里。父亲是读书的；母亲姓鲁，乡下人，她以自修得到能够看书的学力。听人说，在我幼小时候，家里还有四五十亩水田，并不很愁生计。但到我十三岁时，我家忽而遭了一场很大的变故，几乎什么也没有了；我寄住在一个亲戚家，有时还被称为乞食者。我于是决心回家，而我的父亲又生了重病，约有三年多，死去了。我渐至于连极少的学费也无法可想；我的母亲便给我筹办了一点旅费，教我去寻无需学费的学校去，因为我总不肯学做幕友或商人——这是我乡衰落了的读书人家子弟所常走的两条路。

（鲁迅：《自叙传略》）

（2）被动的写法。被动的写法，是以传闻或想象的人物为主体的，作者处于被动的地位。这个写法比较难。被动的写法，贵于"设身处地"。在历史、笔记的传说中，这类写法很多。但写得好的，也可以活灵活现，历历如绘，这就是作者的技巧问题。我现在也举出一篇文字来做例子：

先君子尝言乡先辈左忠毅公视学京畿；一

日风雪严寒,从数骑出微行,入古寺。庑下一生伏案卧,文方成草。公阅毕,即解貂覆生,为掩户。叩之寺僧,则史公可法也。及试,吏呼名至史公,公瞿然注视;呈卷即面署第一,召入使拜夫人,曰:"吾诸儿碌碌,他日继吾志事,惟此生耳。"

及左公下厂狱,史朝夕狱门外;逆阉防伺甚严,虽家仆不得近。久之,闻左公被炮烙,旦夕且死,持五十金涕泣谋于禁卒。卒感焉;一日,使史更敝衣,草屦,背筐,手长镵,为除不洁者,引入,微指左公处。则席地倚墙而坐,面额焦烂不可辨,左膝以下筋骨尽脱矣。史前跪,抱公膝而呜咽。公辨其声,而目不可开,乃奋臂以指拨眦,目光如炬。怒曰:"庸奴!此何地也,而汝来前!国家之事糜烂至此,老夫已矣。汝复轻身而昧大义,天下事谁可支柱者?不速去,无俟奸人构陷,吾今即扑杀汝!"因摸地上刑械作投击势。史噤不敢发声,趋而出。后常流涕述其事以语人,曰:"吾师肺肝皆铁石所铸造也!"

崇祯末,流贼张献忠出没蕲、黄、潜、桐间,史公以凤庐道奉檄守御。每有警，辄数月不就寝，使将士更休，而自坐幄幕外；择健卒十人，令二人蹲踞而背倚之，漏鼓移则番代。每寒夜起立，振衣裳，甲上冰霜迸落，铿然有声。或劝以少休。公曰："吾上恐负朝廷，下恐愧吾师也。"

史公治兵，往来桐城，必躬造左公第，候太公太母起居，拜夫人于堂上。

余宗老涂山，左公甥也，与先君子善，谓狱中语乃亲得之于史公云。

（方苞：《左忠毅公轶事》）

（3）客观的描写法。客观的描写法即"非个人的描写法"（impersonal narration）。纯客观的描写法，不独在叙述文方面用得很多，古来的叙事诗（epic）、民歌（ballad）也很多用客观的方法描写的。例如古诗《孔雀东南飞》、杜甫的《石壕吏》、白居易的《长恨歌》等皆是。欧洲古代荷马（Homer）的伟大史诗《奥特赛》与《伊利亚特》，也是客观的描写。《水浒》的作者施耐庵虽不知道是什么人，但他写一百零八个好汉，以及书中许多闲杂人物，也纯用客观的描写法。客观的描写法不加入作者的一句意见和议论。

我们现在也举一个例子：

> 王婆接了这物，分付伴当回去，自整来开了后门，走过武大家里来。那妇人接着，请去楼上坐地。那王婆道："娘子怎么不过贫家吃茶？"那妇人道："便是这几日身体不快，懒去走的。"王婆道："娘子家里有日历么？借与老身看一看，要选个裁衣日。"那妇人道："干娘裁甚么衣裳？"王婆道："便是老身十病九痛，怕有些山高水低，预先要制办送终衣服。难得近处一个财主，见老身这般说，布施与我一套衣料——绫、䌷、绢、缎——又与若干好绵，放在家里一年有余，不能够做；今年觉得身体好生不济，又撞着如今闰月，趁这两日要做；被那裁缝勒指，只推生活忙，不肯来做；老身说不得这等苦！"
>
> 那妇人听了笑道："只怕奴家做得不中干娘意；若不嫌时，奴出手与干娘做如何？"
>
> 那婆子听了这话，堆下笑来，说道："若得娘子贵手做时，老身便死来也得好处去！久闻娘子好手针线，只是不敢相央。"那妇人道："这

个何妨？许了干娘，务要与干娘做了。将历头叫人拣个黄道好日，便与你动手。"王婆道："若得娘子肯与老身做时，娘子是一点福星，何用选日？老身也前日央人看来，说道，明日是个黄道吉日；老身只道裁衣不用黄道日，了不记他。"那妇人道："归寿衣正要黄道日好，何用别选日？"王婆道："既是娘子肯作成老身时，大胆只是明日起动娘子到寒家则个。"那妇人道："干娘，不必，将过来做不得？"王婆道："便是老身也要看娘子做生活则个；又怕家里没有看门前。"

那妇人道："既是干娘恁地说时，我明日饭后便来。"那婆子千恩万谢下楼去了。

（《水浒》第二十三回）

（二）叙事文的成因

佛家说：人这东西，是"地、水、火、风"四种东西构成的。这自然是很粗的说法。现在科学家分析人身的原质，比这复杂的多了。但叙事文也有四种成因：

(1）人物

（2）动作

（3）时间

（4）地点

任何叙事文都不能缺少这四种成因。我们且举一个例子：

  彼时黛玉自在床上歇午，丫鬟们皆出去自便，满屋内静悄悄的。宝玉揭起绣线软帘，进入里间，只见黛玉睡在那里，忙走上来推她道："好妹妹，才吃了饭，又睡觉！"将黛玉唤醒。

  黛玉见是宝玉，因说道："你且出去逛逛。我前儿闹了一夜，今儿还没有歇过来，浑身酸疼。"宝玉道："酸疼事小，睡出来的病大；我替你解闷儿，混过困去就好了。"黛玉只合着眼，说道："我不困，只略歇歇儿。你且别处去闹会子再来。"宝玉推她道："我往那里去呢？见了别人就怪腻的。"

  黛玉听了，嗤的一声笑道："你既要在这里，那边去老老实实的坐着，咱们说话儿。"宝玉道："我也歪着。"黛玉道："你就歪着。"宝玉道：

"没有枕头,咱们在一个枕头上罢。"黛玉道:"放屁!外面不是枕头?拿一个来枕着。"

宝玉出至外间,看了一看,回来笑道:"那个我不要,也不知是那个腌臜老婆子的。"黛玉听了,睁开眼起身,笑道:"真真你就是我命中的'魔星'!请枕这一个。"说着,将自己枕的推给宝玉;又起身将自己的再拿了一个来枕上。二人对着脸儿躺下。

(《红楼梦》第十九回)

这一段的叙事文的成因分析如下:

(1)人物　宝玉　黛玉

(2)动作　宝玉访黛玉

(3)时间　午饭后

(4)地点　黛玉房中

二、叙事文的分类

叙事文的对象为人或物的动作和变迁,但因为写出来的文的目的和形式不同,所以有种种的分类。在英文的作文法和修辞学中,有因叙事文的形式把

089 叙事文

它分成两大类的：

（1）小说（stories）等。
（2）历史（histories）等。

这个分类法不大妥当。夏丏尊、刘薰宇两先生合编的《文章作法》，则依叙事文的目的，就是"主想"，把叙事文分成三类：

（1）以授予教训为主，例如传记等。
（2）以授予知识为主，例如历史等。
（3）以授予趣味为主，例如小说等。

这个分类比较妥当了。但我以为可以商酌的，是"传记"的主要目的，不能说是"教训"，历史也不是授予"知识"，小说也不是授予"趣味"。其实，叙事文的形式很多，分类是很难的，我们大略可依了叙事文的形式和目的，把它分成下列几类：

（1）小说
（2）传记
（3）日记
（4）游记

（5）笔记

（6）书信

这个分类自然也还不妥当，但比较是详尽的了。我以为"历史"是一种独立的学科，在学术上有特别的位置，不能包括在叙事文里面的。

三、叙事文的写法

叙事文应该怎样写法呢？

依着上列的分类，我们一一述之于下。

（一）小说

写小说不是一件容易的事。我们研究小说史的人，当知道小说的派别很多。详细研究，有待专书。我们这里只能将叙事文在小说中的重要写法大略说明。

小说的对象是人生，个人的观察和经验是一切小说的底子。中国的新创作小说，至今还带浪漫的气息，正当的道路和救药还是"写实主义"。我们在这里不能高谈主义，我们以为个人的深刻的观察和体验是写小说的重要条件，而对于一切事物的同情心（sympathy）和好奇心（curiosity）能使人对于社会的生活更有浓厚的兴味。

社会是复杂的，自然界的事物也是复杂的。莫泊桑曾说："世界上绝对没有相同的两粒砂子、两根绳、两只手、两个鼻孔。"普遍的观察不是一件容易的事。但写小说的人有唯一的法宝，这法宝便是个人的经验。英人瓦尔特·比桑特（Walter Besant）在他的《小说的艺术》上说：

> 生在乡间的女子，不应该描写兵营中的生活。作者的亲友们倘若全是中产阶级的人，则作者的小说中不应写贵族的举止形态。南方的作者，最好是不要用北方的方言。不要写自己经验以外的事情，这虽是很简单的规则，却是任何作者应守的规则。

"不要写自己经验以外的事情"，这规则虽然简单，但我国的鼎鼎大名的著作家竟很多不守这个规则的。正如冰心女士在《超人》小说中，一个"厨房里跑街"的小孩禄儿可以写很柔和动人的爱"花"爱"香"的闺阁气的信。又如从前一位诗人闻一多先生曾做了一句有名的诗，说："他的笑声同碎了一座琉璃宝塔。"其实"碎了的琉璃宝塔"声音究竟怎样，诗人不说明，我们也不知道。又如，王统照先生形容泰戈尔说话声音之美，竟说是"如银钟之响于幽谷"。不知道王先生曾于何处幽谷听见有"银钟"之响。我们俗人们听见的只有铜钟铁钟罢了。又如一个老牌小说家写一对青年男女相抱，竟说"两个心儿的跳动竟同两个钟摆的跳动一般"。（原文记不清了，大意如是。）我不知道心的跳动能左右摇摆如钟摆一般，这两个青年男女还有性命没有？天下哪里有这样的怪心？这都是闭起眼睛来瞎写，不根据自己经验的结果。

所以我以为写小说第一应该注意的是：

应该对于人生或事物有精密的观察，不要写自己经验以外的事情。

这是写小说的第一条规则。

单是观察还不够的。

天下的事物无穷，一人的耳目有限。我们若闭起眼睛，随笔乱写，固不能成为好作品，但观察事物之后，随笔记录，也不能成为好创作。正如善照相的人，照相的配光及技术固然重要，但选择背景尤其重要。我们常说，自然是美的，但自然不纯粹是美，有美也有丑。正如美丽的野花香草，也许生长于败瓦颓垣之旁，古木怪石，也许正邻于蓬门陋户。

人生也和自然一样。古人说："人生初看则美，细看则丑。"我们的黑幕小说家何尝不是写实，但写的只是丑，没有美，不能算是文学。善于照相的人，能对于自然加以剪裁，去丑留美；善于作小说的人，也可以对于人加以神化，丑中生美。正如陀思妥耶夫斯基的《罪与罚》（有韦丛芜译本，未名社刊行），何尝不是描写丑恶的人生，但因为作者的态度严肃，技巧美妙，所以《罪与罚》仍是不朽的文学作品。章铁民、汪静之读了我的小说《友情》上卷，来信大骂，说不应该如此描写，有点像写"黑幕"。其实，我写《友情》的态度是严肃的。而且，像张广余、汪博士、黄诗人一伙人正是我们所见得到的朋友们，不能算是"黑幕"中人。我不敢说《友情》是一部怎样了不得的大著，但如我的朋友祥云女士所说："希望广余、汪博士永久死去，伟大的太阳快快出来。"《友情》能打动当代青年男女的心，终是一部文学作品。不懂得《友情》与"黑幕"的分别，是不懂得文学的。不能对于观察的材料加以选择，是不配做小说的。

所以我以为写小说第二应该注意的是：

> 应该对于观察的人生或事物有艺术地选择，神化而美妙地写出来。

这是写小说的第二条规则。

怎样才能"神化而美妙地写出来"呢？

直抄人生或事物不能算是艺术。艺术所表现的是真实（reality），不是现实（actuality）。美人哈密尔顿（Clayton hamilton）论小说，说"小说的目的，在以想象的事实的系列，来表现人生的真实"。这里所说"想象的事实"几个字应该特别注意。因为是事实，所以并不是胡思乱想的空想；是事实经过了头脑的同化，成为"想象的事实"。知道了小说是"想象的事实"，所以一定要考据贾宝玉是写什么人，林黛玉是写什么人，大观园是在什么地方，也可以说是傻瓜干的傻事。我在前面曾引了柏逊的话："不要写经验以外的事情。"柏氏为注重个人经验的人，他的话诚足为我国头脑空洞的作者的良药。但美国大小说家亨利·詹姆斯（Henry james）曾对柏逊的话加以辩驳，说：

> 经验是无限制的，同时亦为绝对不能满足的。眼睛所看得见的固然算是经验，但耳朵听见的又何尝不是经验？由一件事想象旁的事，由一个道理推论到旁的道理，也可以说是经验……

是的，"由一件事想象旁的事，由一个道理推论到旁的道理"，也是经验。这就是我所说的神化（mystification），但"神化"不是一件容易的事。我的朋友韦素园先生曾在《语丝》上发表了一篇小说，叫作《春雨》，是写一个少女的初恋的。当时有一个女子高师的学生见了，写信来问，说："这小说的主人翁是不是某女作家？"韦先生这篇小说写得很好的，但当时有人（好像是岂明先生）说这篇小说缺少了一种"神化"。善于作小说的人，不但要注重事实的选择，并且应对事实加以结构，结构不是一件简单的事情，正如哈密尔顿所说：

> 结构不仅是提炼人生，而在于提炼人生所得的事实更加以提炼。

这话说得极妙。"神化"不是闭起眼睛化出来的，想象也不是从天到地想出来的,应该以事实为基础,加以头脑的同化,正如水受热成汽,汽凝结仍为水,是一种蒸馏作用。

所以我以为写小说第三应该注意的是:

> 应该对于人生或事物的观察结果,加以想象的同化作用,然后有结构地写出来。

这是写小说的第三条规则。

(二)传记

传记是文学上的宝物。有人说,"一切的创作都是自传"。这句话自然说得太过了。但我们可以说,"一切的创作皆有意或无意地受着作者自己的态度的影响"。即以写实派的大师莫泊桑而论,他自己以为写作的态度是完全客观的,冷静的了。但莫泊桑的著作中也流露出他自己的人生态度。朱自清先生曾举他的短篇小说《月夜》(由周作人译,载《域外小说集》)为例,以为"《月夜》里所写的爱,便是受物质环境影响而发生的爱,与理想派所写的爱便绝不会相同",以证明"他的唯物观,在作品里充满了的"。所以以文学作品而论,不懂得作者的一生生活与环境，便不懂得作品的态度来源，所以作者的传记是很重要的。

这是就文学作品而论。但传记本身，也有独立的价值。我们研究欧洲文学的人，都喜欢读卢梭的《忏悔录》、托尔斯泰的《忏悔录》、歌德的《自传》。这些伟大的自传，在文学上，在道德上，其影响实在伟大无比。近人如罗曼·罗兰（Roman Rolland）的《贝多芬传》《甘地传》，都是极有价值的作品。最近我读了英文本的托洛斯基（Trotsky）的《我的自传》（*My Life*），也受了极大的感动。我虽不是陈独秀党的托洛斯基派，但对于托氏的奋斗与失败，不能不表示相当的钦佩。传记的目的在记实，不在"教训"，但伟大的传记的效果往往超过"教训"，它令人感动，令人兴奋，它的价值是艺术的，又是智识的，也是道德的。

但中国的传记文学又是怎样呢？我且先举出胡适之先生的一些话来作证：

> 传记是中国文学里最不发达的一门。这大概有三种原因。第一是没有崇拜伟大人物的风气，第二是多忌讳，第三是文字的障碍。

传记起于纪念伟大的英雄豪杰。故柏拉图与谢诺芳念念不忘他们那位身殉真理的先师，乃有苏格拉底的传记和对话集。故布鲁塔奇追念古昔的大英雄，乃有他的《英雄传》。在中国文学史上所有的几篇稍稍可读的传记都含有崇拜英雄的意义，如司马迁的《项羽本纪》，便是一例。唐朝的和尚崇拜那十七年求经的玄奘，故《慈恩法师传》为中古最详细的传记。南宋的理学家崇拜那死在党禁之中的道学领袖朱熹，故朱子的《年谱》成为最早的详细年谱。

但崇拜英雄的风气在中国实在最不发达。我们对于死去的伟大人物，当他刚死的时候，也许送一副挽联，也许诌一篇祭文。不久便都忘了！另有新贵人应该逢迎，另有新上司应该巴结，何必去替陈死人算烂账呢？所以无论多么伟大的人物，死后要求一篇传记碑志，只好出重价向那些专做谀墓文章的书生去购买！传记的文章不出于爱敬崇拜，而出于金钱的买卖，如何会有真切感人的作品呢？

传记的最重要条件是纪实传真，而我们中国的文人却最缺乏说老实话的习惯。对于政治有忌讳，对于时人有忌讳，对于死者本人也有忌讳。圣人作史，尚且有什么为尊者讳、为亲者讳、为贤者讳的谬例，何况后代的谀墓小儒呢！故《檀弓》记孔氏出妻，记孔子不知父墓，《论语》记孔子欲赴佛肸之召，这都还有直书事实的意味，而后人一定要想出话来替孔子洗刷。后来的碑传文章，忌讳更多，阿谀更甚，只有歌颂之辞，从无失德可记。偶有毁谤，又多出于仇敌之口，如宋儒诋诬王安石，甚至于伪作《辩奸论》，这种小人的行为，其弊等于隐恶而扬善。故几千年的传记文章，不失于谀颂，便失于诋诬，同为忌讳，同是不能纪实传信。

传记写所传的人最要能写出他的实在身份，实在神情，实在口吻，要使读者如见其人，要使读者感觉真可以尚友其人。但中国的死文字却不能担负这种传神写生的工作。我近年研究佛教史料，读了六朝唐人的无数和尚碑传，其中百分之九十八九都是满纸骈俪对偶，读了不知道说的是什么东西。直到李华、独孤及以下，始稍稍有可读的碑传。但后来的"古文"家又中了"义法"之说的遗毒，讲求字句之古，而不注重事实之真，往往宁可牺牲事实以求某句某字之似韩似欧！硬把活跳的人装进死板板的古文义法的烂套里去，于是只有烂古文，而绝没有活传记了。

因为这几种原因，二千年来，几乎没有一篇可读的传记。因为没有一篇真能写生传神的传记，所以二千年中竟没有一个可以叫人爱敬崇拜感发兴起的大人物！并不是真没有可歌可泣的事业，只都被那些谀墓的死古文骈文埋没了。并不是真没有可以叫人爱敬崇拜感慨奋发的伟大人物，只都被那些烂调的文人生生地杀死了。

（《南通张季直先生传记·序》，《胡适文存》第三集，卷八）

胡先生的话是很精到的。我们虽不敢附和胡先生的大胆地说"二千年来，几乎没有一篇可读的传记"，但中国真正伟大的动人的传记实在不多。"多忌讳"与"文字的障碍"实为最大原因。说中国人"没有崇拜英雄的风气"，还有可以商酌的地方。我们只要看关羽之庙遍天下，便可证明中国人并不是不崇拜英雄。至于士人之崇拜孔丘，军人之崇拜岳飞，党人之崇拜总理，商人之崇拜吴佩孚，都可证明中国人的崇拜英雄热并不低于旁的国家和民族。

中国古代传记也有可读的，如胡先生所说的《项羽本纪》和《慈恩法师传》，如《史记》的《孔子世家》《孟子荀卿列传》《屈原贾生列传》《游侠列传》，如《晋书》的《阮籍传》，萧统的《陶渊明传》，《唐书》的《韩愈传》，《宋史》的《朱熹传》《王安石传》，《明儒学案》的《王守仁传》，等等，皆益人心智，颇可一读。如王充的《论衡·自纪》，实为自传的很好作品。近人梁启超的《意大利三杰传》《罗兰夫人传》等，"笔尖常带情感"，尤为动人的作品。如胡先生的近作《四十自述》，将来一定为自传中的很好作品。文体解放了，忌讳渐渐少了，中国的传记文发达是无可疑的。

我们且举近人吴虞的《明李卓吾传》以作中国传记文的一个例子：

> 温陵李先生，名贽（袁宏道《李温陵传》作载贽），号卓吾，一曰笃吾，泉州晋江人。生明嘉靖丁亥之岁，生而母徐氏殁。

七岁，随父白斋公读诗歌，习礼文；年十二，试老农老圃论，曰："吾时已知樊迟之问，在荷蒉丈人间。"及长，身长七尺，目不苟视。虽至贫，辄时时助朋友之急。读传注，愤愤不省，不能契朱子深心，因自怪，欲弃置不事，而闲甚，无以岁月。乃叹曰："此直戏耳，但剽窃得滥目，足矣。主司岂一一能通孔圣精蕴者邪？"嘉靖间，领乡荐，以道远，不再上公车，为共城校官。共城为宋李之才宦游地，有邵尧夫安乐窝，在苏门山百泉上。卓吾生于泉，泉为温陵禅师福地。卓吾曰："吾温陵人，当号温陵居士。"至是：日游遨百泉之上，曰："吾泉而生，又泉而官，泉于吾有夙缘矣。"故自谓百泉人，又号百泉居士。

后官礼部司务，曰："吾闻京师人士所都，盖访而学焉。"人曰："子性太窄，苟闻道，常自宏阔。"卓吾曰："然。"遂又自命为宏父。初未知学道，有先生语之曰："公怖死否？"卓吾曰："死安得不怖。"曰："公既怖死，何不学道。学道，所以免生死也。"卓吾曰："有是哉！"居官五载，潜心道妙，久之，有所契，超然于语言文字之表。

出为姚安知府,为政举大体,一切持简易,任自然,务以德化人,不贾世俗能声。自治清苦。僚属,士民,胥隶,夷酋,莫不向化。往往喜与衲子游处,常往伽蓝判事。或置名僧其间,薄书有暇,即与参论虚玄。俸禄之外,了无长物。是时上官严刻,吏民多不安。卓吾曰:"边方杂夷,法难尽执。任于此者,携家万里而来,动以过失狼狈去,尤不可不念之。但有一长,即为贤者,岂宜责备耶?"居三年,以病告,不许。遂入大理之鸡足山,阅藏经,不出。鸡足山,滇西名山也。御史刘维奇其节,疏令致仕。

初与楚黄安耿子庸善,罢郡,遂不归。曰:"我老矣,得一二胜友,终日晤言以遣余日,何必归乡也。"遂客黄安。

中年,得数男,皆不育。体素癯,淡于声色,恶近妇人,故虽无子,不置婢妾。

旋至麻城龙潭湖上,与僧无念、周友山、丘坦之、杨定见聚。闭门下键,日以读书为事。性爱扫地,数人缚帚不给。袵裙浣洗,极其鲜洁,拂身拭面,有同水淫。不喜俗客,不获辞而至,但一交手，即令之远坐，嫌其臭味。其欣赏者，整日言笑；意所不契，寂无一言。滑稽排调，冲口而发，既能解颐，亦可刺骨。所读书，皆抄写为善本，逐字雠校，肌襞理分，时出新意。其为文，不阡不陌，摅且胸中之独见。诗不多作。亦喜为书，每研墨伸楮，则解衣大叫，得意瘦劲险绝，骨棱棱纸上，亦甚可爱。

一日，头痒，倦于梳栉，遂薙其发，独存鬟须，去冠服，即所居为禅院，居常与侍者论出家事，曰："世间有三等人宜出家。其一，如庄周、梅福之徒，以生为我桎，形为我辱，智为我毒，灼然见身世如赘瘤然，不得不弃官隐者，一也。其一，如严光、阮籍、陈抟、邵雍之徒，苟不得比于傅说之遇高宗，太公之遇文王，管仲之遇桓公，孔明之遇先主，则宁隐毋出，亦其一也。又其一者陶渊明是也，亦爱富贵，亦苦贫穷，故以乞食为耻，而曰：'叩门拙言辞。'爱富贵，故求为彭泽令，然无奈其不肯折腰何，是以八十日便赋归去也，此又其一也。"

侍者进曰："先生于三者何居？"卓吾曰："卓哉庄周、梅福之见，我无是也。待知己之主而后出，必具盖世才，我亦无是也。其陶公乎？夫陶公清风被千古，余何人而敢云庶几焉，然其一念真实，不欲受世间管束，则偶与之同也。"

卓吾喜接引人，来问学者，无论缁白，披心酬对，风动黄麻间。时有女人来听法，或言："女人见短，不堪学道。"卓吾曰："谓人有男女则可，谓见有男女，岂可乎？谓见有短长，则可，谓男子之见尽长，女人之见尽短，可乎？且彼为法来者，男子不如也。"卓吾气既激昂，行复惊众。麻黄间士大夫皆大噪，诋为左道惑众。因卓吾共彼中士女谈道，刻有《观音问》等书，忌者更以帷薄蜚语，思逐去之。卓吾笑曰："吾左道耶，即加冠可也。"遂服其旧服。于是左辖刘东星迎卓吾武昌。

自后屡归屡游，刘晋川迎之泌水，梅中丞迎之云中，焦弱侯迎之秣陵，皆推尊为望人。无何，复归麻城，又有以蜚语闻当事者，当事乃逐卓吾而火其兰若。御史马诚所常问卓吾易义，大服，事以师礼，奉之入黄檗山。

壬寅，北游，抵郊外极乐寺，馆于通州诚所家。忽蜚语传京师，云："卓吾著书丑诋四明沈相。"沈相恨甚,踪迹无所得。礼垣都谏张诚宇乃疏劾之,遂逮下诏狱。逮者至,邸舍匆匆,卓吾力疾起行数步,大声曰:"是为我也,为我取门片来。"遂卧其上,疾呼曰:"我,罪人也,不宜留。"诚所愿从,曰:"朝廷以先生为妖人,我藏妖人者,死则俱死耳,终不令先生往而已独留。"卒同行。明日,大金吾寔讯,侍者掖而入,卧于阶上。金吾曰:"若何以妄著书?卓吾曰:"罪人著书甚多,具在圣教,有益无损。"大金吾笑其倔强。狱竟,无所置词,大略止回籍耳。久之,旨未下,卓吾于狱中作诗读书自如,当事亦未必遽欲置之死也。一日,呼侍者薙发,遂持刀自割其喉,气不绝者两日。侍者问:"和尚痛否?"以指书其手,曰:"不痛。"又曰:"和尚何自割?"书曰:"七十老翁何所求。"遂绝。时年七十六矣。诚所以事缓,归觐其父,至是,闻而伤之,曰:"吾护持不谨以致于斯也。"乃葬其骸于通州北门外,为之大治冢墓,营佛刹焉。

(下略)

李卓吾为明代的大思想家，但在当时竟被朝野目为怪物，"下狱而死"。其书"一焚于万历三十年""再焚于天启五年"。但伟大的著作并不是焚烧禁止所能断绝的。陈明卿说得好："卓吾书盛行，咳唾间非卓吾不欢，几案间非卓吾不适。朝廷虽禁毁之，而士大夫则相与重锓，且流传于日本。"吴先生这篇文章，写卓吾的一生思想、行止，甚为详尽动人。

替古人或今人做传记，有两个重要条件：

第一，要记载翔实。

第二，要立论公允。

做传记不但要详细，而且要实在。传记比不得小说，不能造一句诳话。立论公允也是不容易的。如《宋史》的《王安石传》，便对于那"天变不足畏，祖宗不足法，人言不足惜"的王安石，有种种不公平的微词。又如陈寿替诸葛亮做传（见《三国志》），因为亮曾髡陈寿之父，故于亮颇有微词。这都是做传记的人应该引以为戒的。只有不为俗见所囿，不为私心所蔽的人，才能写出公允的话。

做自传是说自己的事，比较容易了。但法朗士老先生曾说：

> 你心里有什么说什么是可能的应当的，只要你知道怎样去做就完了。听一个十二分诚意的忏悔者忏悔，该是一件多么有趣的事！但是世界有始以来，从没有听见过这种忏悔辞。没有一个人肯什么事都告诉出来——就是凶恶的奥古斯丁，他的用意是要使曼尼歧阿斯人糊涂得莫名其妙，哪来有暴露他灵魂的真心；就是可怜伟大的卢梭，他因为神经错乱，才恣意地诋毁自己。

（《乐园之花》，原名《伊毕鸠鲁园》，顾仲彝译）

做自传应该"心里有什么说什么"，自己是什么说什么。夸张是不好的，故意"诋毁自己"固然也不好，但若卢梭那样暴露自己真心，是伟大的行为，我们不能拿"神经错乱"来讥笑他。

（三）日记

日记是文学的核心，是叙事文的础石。初学作文的人，练习记日记是最好的方法。日记可记两方面的事情：一是自己的行为，一是自己读书的心得。

前者是关于道德方面的，后者是关于智识方面的。如曾国藩一生的日记，虽然也有很多道学气可笑的，但他的平生事业文章，都可在他的日记中读出来，是研究曾国藩的人必不可少的参考品。又如顾亭林的《日知录》，是顾氏毕生研究学术有心得的记录，价值非常重大。清人李慈铭的《越缦堂日记》也是近代日记中的名作，惜卷帙浩繁，价值昂贵，印本甚少，近难买得。

近人胡适之先生也记日记，在北京时，我曾读了几册他的日记稿本，胡先生的思想与行为，在他的日记中是更灵活地表现出来了。惜胡先生的日记现在还锁在铁柜中，不知何年何月何日才可以刊行出来。鲁迅先生从前也是记日记的（鲁迅先生曾说笑话，说他要将日记的名称改为"夜记"，因为他的日记都是晚上记的），他发表出来的《马上日记》《马上支日记》，都很有趣味，我们且抄出他的日记中的一短篇以作例子：

六月二十六日

晴。

上午，得霁野从他家乡寄来的信，话并不多，说家里有病人，别的一切人也都在毫无防备的将被疾病袭击的恐怖中；末尾还有几句感慨。

　　午后，织芳从河南来，谈了几句，匆匆忙忙地就走了，放下两个包，说这是"方糖"。送你吃的，怕不见得好。织芳这一回有点发胖，又这么忙，又穿着方马褂，我恐怕他将要做官了。

　　打开包来看时，何尝是"方"的，却是圆圆的小薄片，黄棕色。吃起来又凉又细腻，确是好东西。但我不明白织芳为什么叫它"方糖"。但这也就可以作为他将要做官的一证。

　　景宋说这是河南一处什么地方的名产，是用柿霜做成的；性凉，如果嘴角上生些小疮之类，用这一搽，便会好。怪不得有这么细腻，原来是凭了造化的妙手，用柿皮来滤过的。可惜到他说明的时候，我已经吃了一大半了。连忙将所余的收起，预备将来嘴角上生疮的时候，好用这来搽。

　　夜间，又将藏着的柿霜糖吃了一大半，因为我忽而又以为嘴角上生疮的时候究竟不很多，还不如现在趁新鲜吃一点。不料一吃，就又吃了一大半了。

　　（鲁迅：《华盖集续编》，一四八至一四九页）

记日记时最要注意的，便是"真实不欺"，因为日记是"写给自己看的"。我们应该不自欺。为什么大家都喜欢读《少女日记》呢？因为那日记的主人翁奥国少女丽达记日记时，并不曾想到发表。她是瞒着她的父母、姐姐偷着记的，所以记得十分真实、有趣、动人。世间也有专为出版而记日记的名人，但那样"摆空架子"的东西，似流水账一般，是毫无价值的。懂得英文的人，应该读塞缪尔·佩皮斯的日记，那是英国文学中最有趣、最有名的日记。

（四）游记

游历是很重要的。古人曾说："太史公游历海内名山大川，故为文有奇气。"所以"读万卷书，走万里路"，是古代文人传为美谈的。欧西文人卡莱尔（Carlyle）将人们分为三种，说："第三流的人物，是诵读者（reader）；第二流的人物，是思索者（thinker）；第一流最伟大的人物，是阅历者（seer）。"（参看鹤见祐辅《思想·山水·人物》二百七十页，鲁迅译。）那简直以"走万里路"比"读万卷书"还有价值而且重要了。我的朋友孙伏园君，也是欢喜游历的,他曾说:"留学生未出国以前,最好先在本国各省旅行一遍,认清楚自己的本国,然后再看旁人国里的事情,比较更有趣味。"这也是很有意义的话。但旅行而不写游记,走马看花,也毫无益处。试看中国留学欧美、日本的人那么多,但关于欧美、日本的有价值的游记一本也没有。许多的留学生都是糊涂而去,糊涂而来,在外国吃面包、找女人罢了!

但游记的性质也因作游记人的趣味而不同。有的人旅行为着鉴赏风物,这是文学家的旅行。有的人旅行为着观察社会,这是哲学家的旅行。我们且举出两篇不同的文字,来作这两派的代表。

绿

(《温州的踪迹》第二篇,朱自清作)

我第二次到仙岩的时候,我惊诧于梅雨潭的绿了。梅雨潭是一个瀑布潭。仙岩有三个瀑布,梅雨瀑最低。走到山边,便听见哗哗哗哗的声音;抬起头,镶在两条湿湿的黑边儿里的,一带白而发亮的水便呈现于眼前了。我们先到梅雨亭。梅雨亭正对着那条瀑布;坐在亭边,不必仰头,便可见它的全体了。亭下深深的便是梅雨潭。这个亭踞在突出的一角的岩石上,上下都空空儿的;仿佛一只苍鹰展着翼翅浮在天宇中一般。三面都是山,像半个环儿拥着;人如在井底了。这是一个秋季的薄阴的天气。微微的云在我们顶上流着,岩面与草丛都从润湿中透出几分油油的绿意。而瀑布也似乎分外响了。那瀑布从上面冲下,仿佛已被扯成大小的几绺,不复是一幅整齐而平滑的布。岩上有许多棱角;瀑流经过时,作急剧的撞击,便飞花碎玉般乱溅着了。那溅着的水花,晶莹而多芒,远望去,像一朵朵小小的白梅,微雨似的纷纷落着。据说,这就是梅雨潭之所以得名了。但我觉得像杨花,格外确切些。轻风起来时,点点随风飘散,那更是杨花了——这时偶然有几点送入我们温暖的怀里,便倏的钻了进去,再也寻它不着。

梅雨潭闪闪的绿色招引着我们,我们开始追捉她那离合的神光了。揪着草,攀着乱石,小心探身下去,又鞠躬过了一个石穹门,便到了汪汪一碧的潭边了。瀑布在襟袖之间,但我的心中已没有瀑布了。我的心随潭水的绿而摇荡。那醉人的绿呀！仿佛一张极大极大的荷叶铺着，满是奇异的绿呀。我想张开两臂抱住她，但这是怎样一个妄想呀——站在水边，望到那面，居然觉着有些远呢！这平铺着、厚积着的绿，着实可爱。她松松地皱缬着，像少妇拖着的裙幅；她轻轻地摆弄着，像跳动的初恋的处女的心；她滑滑地明亮着，像涂了"明油"一般，有鸡蛋清那样软，那样嫩，令人想着所曾触过的最嫩的皮肤……她又不杂些儿尘滓，宛然一块温润的碧玉，只清清的一色——但你却看不透她！我曾见过北京什刹海拂地的绿杨，脱不了鹅黄的底子，似乎太淡了。我又曾见过杭州虎跑寺近旁高峻而深密的"绿壁"，丛叠着无穷的碧草与绿叶的，那又似乎太浓了。其余呢，西湖的波太明了，秦淮河的也太暗了。可爱的，我将什么来比拟你呢？我怎样比拟得出呢？大约潭是很深的，故能蕴蓄着这样奇异的绿；仿佛蔚蓝的天融了一块在里面似的，这才这般的鲜润呀——那醉人的绿呀！我若能裁你以为带，我将赠给那轻盈的舞女，她必能临风飘举了。我若能把你以为眼，我将赠给那善歌的盲妹,她必明眸善睐了。我舍不得你!我怎舍得你呢?我用手拍着你,抚摩着你,如同一个十二三岁的小姑娘。我又掬你入口,便是吻着你了。我送你一个名字,我从此叫你"女儿绿",好么?

我第二次到仙岩的时候,我不禁惊诧于梅雨潭的绿了。

(《踪迹》,一五三至一五七页)

东西文化的界线

(《漫游的感想》之一,胡适作)

我离了北京,不上几天,到了哈尔滨。在此地我得了一个绝大的发现:我发现了东西文明的交界点。

哈尔滨本是俄国在远东侵略的一个重要中心。当初俄国人经营哈尔滨的时候,早就预备要把此地辟作一个二百万居民的大城,所以一切文明设备,应有尽有。几十年来,哈尔滨就成了北中国的上海。这是哈尔滨的租界,本地人叫作"道里",现在租界收回,改为特别区。租界的影响,在几十年中,使附近的一个村庄逐渐发展，也变成了一个繁盛的大城。这是"道外"。

"道里"现在收归中国管理了，但俄国人的势力还是很大的，向来租界时代的许多旧习惯至今还保存着。其中的一种遗风就是不准用人力车（东洋车）。

"道外"的街道上都是人力车。一到了"道里"，只见电车与汽车，不见一部人力车。道外的东洋车可以拉到"道里"，但不准再拉客，只可拉空车回去。

我到了哈尔滨，看了"道里"与"道外"的区别，忍不住叹口气，自己想道：这不是东方文明与西方文明的交界点吗？东西洋文明的界线只是人力车文明与摩托车文明的界线——这是我的一大发现。

人力车又叫东洋车，这真是确切不移。请看世界之上，人力车所至之地，北起哈尔滨，西至四川，南至南洋，东至日本，这不是东方文明的区域吗？

人力车代表的文明就是那用人作牛马的文明。摩托车代表的文明就是用人的心思才智制作出机械来代替人力的文明。把人作牛马看待，无论如何，够不上叫作精神文明。用人的智慧造作出机械来，减少人类的苦痛，便利人类的交通，增加人类的幸福——这种文明却含有不少的理想主义，含有不少的精神文明的可能性。我们坐在人力车上，眼看那些圆颅方趾的同胞努起筋肉，弯着背脊梁，流着血汗，替我们做牛做马，拖我们行远登高，为的是要挣几十个铜子去活命养家——我们当此时候，不能不感谢那发明蒸汽机的大圣人，不能不感谢那发明电力的大圣人，不能不祝福那制作汽船汽车的大圣人：感谢他们的心思才智节省了人类多少精力，减除了人类多少苦痛！你们嫌我用"圣人"两个字吗？孔夫子不说过吗？"制而用之谓之器，利用出入，民咸用之谓之神。"孔老先生还嫌"圣"字不够，他简直尊他们为"神"呢！

（《胡适文存》第三集，卷一）

我们读了上面二段性质不同的游记，当发生若何感想呢？朱自清先生把仙岩的一个小瀑布，写得那样有声有色，真有些神化了。这样细丽的写景文章，几百年来的古文游记中是很难看见的！我们读了朱自清先生的文章，再去看胡适先生的《庐山游记》（有单行本，新月书店刊行）。他花了几千字去考证一个塔，竟把庐山的有名瀑布用"鹤鸣与龟背之间有马尾泉瀑布，双剑之左有瀑布水；两个瀑泉遥遥相对，平行齐下，下流入壑，汇合为一水，迸出山峡中，遂成最著名的青玉峡奇景。水流出峡，入于龙潭"几句话轻轻写过去。有"历史癖和考据癖"的人竟不会描写风景！但胡先生究竟是一个哲学家，能在哈尔滨的"道里""道外"的人力车与汽车中看出东方文明与西方文明的交界线，这也是哲学上的一个"大发现"！

游历是有益于学问的。"达尔文旅行全世界，完成他的进化论。"但达尔文可说是带了簿子旅行的。杜威说得好："达尔文常说平常人偶然看见事物的例子同自己所好之说相反的，便敷衍放过，但是他自己则不特搜集种种不相同的例子，并且把所看见的，或所想到的，写在簿子上面，因为不写就要忘记了。"这实在是研究学问的人所应当效法的。但我们学文学的人，游历时大概欢喜欣赏风景。可是好风景正同云烟一般,一瞥即过的。所以袋里也应该带了一本簿子,无论是风俗,是人情,是风景,有趣味的都可以记下来。我们应该提倡带了簿子去游历。

我的朋友孙氏兄弟的《伏园游记》及《山野掇拾》(孙福熙著)都是很好的,很可看。古人游记中《徐霞客游记》(丁文江校点本)也是很好的,可说是中国第一部记游历的书。懂得英文的人,欧文(Washington Irving)的《见闻杂记》,是很可看的。又如威尔士(H. G. Wells)的《近代乌托邦》及《如神的人们》也可看,在那些著作中可看出威尔士的旅行热的心情的,并且带在游历的路上看,也很有趣味。

(五)笔记

在中国文学中有许多笔记小说,如宋人的许多笔记,清代有名的《聊斋志异》《阅微草堂笔记》,都很有小说风味。这里的笔记是指 notebook,如我和朱溪所译的《契诃夫随笔》便是。那实在是一本有趣而有益的书。契诃夫的癖性,都可在他的笔记中看出来。那是他的创作的底子。相传契诃夫写小说时总打开他的 notebook 来看。一切爱好文学以及初学作文的人袋里都该带一册 notebook，把自已所见、所闻、所想的随时随地记下来。这是最要紧的一个习惯，不养成这个习惯，是不能成为创作家的。

（六）书信

书信是最足表现作者人格的文字。书信可以说理，可以言情，但多数是叙事。古人的书信中如宋代的苏东坡、黄庭坚，唐代的李白、白居易，清代的郑板桥等人，均有许多很可爱的书信。书信最要是直写性情，如曾国藩的书信便多装假架子，不很好。中国人的家信写得好的不多。家长的地位太高了，小一辈子写信大都战战兢兢，吓得什么话也不敢说了。近年来这种地位的尊严的滥调渐渐打破了，家信也写得好起来了。近人冰心女士的《寄小读者》很可看。冰莹女士的《从军日记》也是用信的体裁写的，也很可看。我们现在且举清人郑板桥的一封信，作写书信的一个例子。

范县署中寄弟墨

十月二十六日得家书，知新置田获秋稼五百斛，甚喜。而今而后，堪为农夫以没世矣。

要须制碓,制磨,制筛罗簸箕,制大小扫帚。制升斗斛;家中妇女率诸婢妾,皆令习舂揄蹂簸之事,便是一种靠田园长子孙气象。天寒冰冻时,亲戚朋友到门,先泡一大碗炒米送手中,佐以酱姜一小碟,最是暖老温贫之具,暇日咽碎米饼,煮糊涂粥,双手捧碗,缩颈而啜之,霜晨雪早,得此周身俱暖。嗟乎!嗟乎!吾其长为农夫以没世乎!

　　我想天地间第一等人,只有农夫!而士为四民之末。农夫上者种地百亩,其次七八十亩,其次五六十亩,皆苦其身,勤其力,耕种收获,以养天下之人。使天下无农夫,举世皆饿死矣。吾辈读书人,入则孝,出则弟,守先待后,得志泽加于民,不得志修身见于世,所以又高于农夫一等。今则不然:一捧书本,便想中举,中进士,作官如何攫取金钱,造大房屋,置多田产。起初走错了路头,后来越做越坏,总没有个好结果。其不能发达者,乡里作恶,小头锐面,更不可当。夫束修自好者,岂无其人?经济自期,抗怀千古者,亦所在多有。而好人为坏人所累,遂令我辈开不得口。一开口,人便笑曰："汝辈书生，总是会说，他日居官，便不如此说了。"所以忍气吞声，只得捱人笑骂。工人制器利用，贾人搬有运无，皆有便民之处；而士独于民大不便，无怪乎居四民之末也！且求居四民之末而亦不可得也。

愚兄平生最重农夫。新招佃地人，必须待之以礼。彼称我为主人，我称彼为客户。主客原是对待之义，我何贵而彼何贱乎？要体貌他！要怜悯他！有所借贷，要周全他！不能偿还，要宽让他！尝笑唐人七夕诗，咏牛郎织女，皆作会别可怜之语，殊失命名本旨：织女，衣之源也；牵牛，食之本也；在天星为最贵。天顾重之，而人反不重乎？其务本勤民，星象昭昭可鉴矣。吾邑妇人，不能织绸织布，然而主中馈，习针线，犹不失为勤谨，近日颇有听鼓儿词，以斗叶为戏者，风俗荡轶，亟宜戒之。

吾家业地虽有三百亩，总是典产，不可久恃。将来须买田二百亩。予兄弟二人，各得百亩足矣，亦古者一夫受田百亩之句也。若再求多，便是占人产业，莫大罪过。天下无田无业者多矣；我独何人，贪求无厌，穷民将何所措足乎？或曰：

"世上连阡越陌,数百顷有余者,子将奈何?"应之曰:"他自做他家事,我自做我家事。世道盛则一德遵王,风俗偷则不同为恶,亦板桥之家法也。"哥哥字。

(选自《作文讲话》,北新书局1930年版)

小品文

夏丏尊　刘薰宇

一、小品文的意义

从外形的长短上说，二三百字乃至千字以内的短文称为小品文。前几章所讲的记事、叙事、说明和议论等，是从文的内容性质上分的，长文和小品文只是由外形而定。因此小品文的内容性质全然自由，可以叙事，可以议论，可以抒情，可以写景。毫不受何等的限制。

小品文，我国古来早已有了，如东坡小品就很有名；普遍的所谓"随笔"，也可看作小品文的一种。近来在各国，小品文更盛行，并且体裁和我国的向来的所谓小品文大不相同。现在的所谓小品文，实即 sketch 的译语。大概都是以片段的文字，表现感想或实生活的一部分的。例如：

雪　夜

　　从早晨就暗淡的天，一到夜就下了雪了。由窗隙钻入的寒气冷到彻骨，好像是什么妖魔用了冰冷的手，来捉摸人的头颈似的。才将夜饭碗盏收拾好的母亲，在灯下又开始针线，父亲呢，一心地看着新闻。饭毕就睡了的小妹，好像是日间跑得太厉害了，时时在被窝里发出惊叫来。

　　雪依然没有止，后园里好几次地有竹折断的声音。夜不觉深了，寒气渐渐加重，连远处传来的犬吠声，听去也觉得分外地带着寒森凄清了。

（写景）

红蜻蜓

　　就枯草原上卧了，把书翻开，忽然飞来了一个红蜻蜓，停在书页上面。头影一动，就好像怒了它的样子，即刻飞去了。飞也不远，仍旧回到原处。我寂然不动地看它：尾巴缓缓地子子地动着，薄薄的两只翼翅，尽量伸张，好像单叶式飞行机的样子。不时又闪转着那大而发光的眼睛。

在晚秋的当午的强烈的日光中，红色的蜻蜓，看去却反觉有点寂寞。

（状物）

田　畔

倦了在田畔坐息，前面走过了穿着中学校制服的学生们，仔细一看，是K君与N君。他们不知道我在这里，一壁走着，一壁高声地谈着。

唉！唉！在小学样的时候，我比K君N君成绩好很多，先生也说我是有望的少年，只为了贫穷的缘故，就这样朝晚与田夫为伍。我难道竟以田夫过这一生吗？

那未免太悲哀了！但是有什么法子可想呢？我心如沸了！虽自己不愿哭，眼泪已流下颊上了！

（抒情）

鸡

　　鸡告诉我们天地的觉醒,但所告诉的并不一定是光明。鸡的第一次开声,是夜的最黑暗的时候。

　　鸡在深暗中叫的,鸡是在深暗中叫的!

(议论感想)

　　读者读了上面的例,当可明白小品文是怎样的东西了。小品文虽然也有独立制作的,其实多散见于长文中。有名的文学作品中含有小品文极多,几百页的长篇小说,也可看成小品文的连续。在近代作品中,果能节取,随处可得到很好的小品文范例。例如:

　　风雨的强度渐渐地退减,不久,就只剩了雾样的非常美丽的细雨。云的弧线一点点地透升上去,长而且斜的日光,即落在地上了。从云的裂缝里,露出一条碧色的天空,这裂缝次第展开,像个揭去面纱的样子;既而澄净深碧的天空就罩住世界。新鲜的微风拂拂地吹着,好像地球的幸福的叹息,掠着湿雨的小鸟的快乐的歌声,可从田野森林间听得。

(莫泊桑:《一生》)

从黎明起,平常所没有的凝然而沉的浓雾,把一切街道闭住了。这虽若干地轻微透明,不至于全不看见东西,可是在雾中行走的人们,都已浸染着了那不安的暗黄色;女人脸上鲜活的红色以及动人目的衣服花样,都好像隔了一层黑的薄纱,在雾中有时茫然地暗,有时豁然地鲜明。南首天空,在蚊帐样的黑云里,藏着日脚很低的十一月的太阳,比地上远来得明亮;北首则到处沉暗,好像低挂着大大的幕,下面昏黄而黑,物象分辨不清,几同夜间一般。于这沉滞的背景中,模糊地浮出着薄暗的淡灰色的屋宇,在秋天已早荒废了的某花园的门口竖着的两圆柱,看去宛像死人前面列着的一对的黄蜡烛……

(安得列夫:《雾》)

祖母死后数年,父母也都跟着作了这墓中的人,到现在已星霜几易了。墓碑满了藓苔,几乎看不出文字,虽默然地立着不告诉我什么,但到此相对,不觉就如目见墓中人一样。他们生前的情形,都一一不可遏地奔到我心上来:

祖母驼圆了背在檐下曝日的光景,父亲的将眼鼻并在一处打大喷嚏的神情,母亲着了围裙浆洗衣服的样子,都显然地在我眼前浮出。

飒然地风来了,树叶瑟瑟地作声。明知道只是树叶的声音,然在我无余念的人的耳中,好像是有一种曾听见过的干皱的沙音,快活的高声,和低而纤弱的喉音,纷然合在一起,在那里忙说着什么似的。忽然间声音一停,以后就寂然了。

我的心也寂然了。从这寂然的心坎中忽然涌起了怀慕的心情,不觉眼中就含了泪了。唉!如果可以,我愿就这样到墓中去,不再返尘世了!

(二叶亭四迷:《平凡》)

以上不过就近代外国文学作品中略举数例,这样好的小品文,在我国好的文学作品中当然也很不少。如《儒林外史》中的"王冕放牛"和《水浒传》中的"景阳冈"一段,都可作小品文读的。读者只要能留心,就可随处得着小品文的范例了。

二、小品文在文章练习上的价值

小品文自身原有独立的价值,且不详论。练习小品文,对于作长文也很有帮助,就是可以增长关于作文所需要的各种能力,所以对于文章练习上,利益很多。兹述一二于下。

(一)可为作长文的准备

画家学画,须先从小部分起。非能完全描一木一石的,绝不能画全幅的风景;非能完全写一手一足,绝不能画整个的人物。文章也是这样,不能作全部分的文字的,即使作了长篇的文字,也绝不会有可观的价值。所以与其乱作无谓的长文,不如多作正确的小品文。换句话说,就是学文须从小品文入手。

(二)能多作

文有三多:多读,多作,多商量。这是学文者无可反对的条件。但长篇文字要多作,实不容易,小品文内容既自由,材料又随处可得,并且因字数很少,推敲、布局都比较容易,很便于多作,能多作,作文的能力就自然进步了。

（三）能养成观察力

小品文形既短小，当然不能容纳大的材料。因此，要作小品文，无论写情、写景，非注意到眼前事物的小部分，将它的特色生命来捉捕不可。这么一来，结果就可使观察力细密而且锐敏。细密而且锐敏的观察力，实在是文人最重要条件之一。

（四）能使文字简洁

要作小品文，因它的字数有限，断用不着悠缓的笔法，非有扼要的手腕不可。所以学习小品文，可以使文字简洁。初学作文，最普通的毛病是冗漫、宽泛，因为初学者对于材料还没有选择取舍的能力，不容易得着要领的缘故。若作小品文，这毛病立即现出，渐渐自然会简洁起来，而对于材料也能精于选择、取舍。这种工作，原是作文的第一步，也就是作文方法的一切。如果真能通达，已可算得有作文的能力的了。

（五）能养成作文的兴味

初学作文的人，往往因为作得不好，打断兴味，而自觉失望，这是常见的事。长篇文字所需的材料既多,安排也不容易,初学的人当然没有作得好的可能,屡作都不好,兴味就因而萎缩了。小品文以日常生活为材料,并且是片断地收取,因而容易捕捉,材料既不复杂,安排也容易,即使作了不好,改作也不费事。为了这样,学作小品文既容易像文字,而很好的成绩偶然也可得着;作者的兴味当然可以逐渐浓厚。

学作小品文的好处如要细述,还不止此,但这已很足证明有学它的必要了。读者要学作文章吗?先努力作小品文吧!

三、小品文作法上的注意——着眼细处

小品文是记述实生活的一部分的东西,以描写部分为目的;要写全体的事象,当然不是小品文所能胜任的。所以作小品文,必须注目于事物的细处,就极微细极琐碎的部分发现材料。习作小品文所以能使人的观察精细锐敏,原因就在这一点。试看下例:

(甲)鳞云一团,由西上升;飞过月下,即映成五色,到紫色缘边,彩乃消灭。团的月悬在天心,皎皎的银光笼罩着平和的孤村。四

边已静寂了,地底下潜藏的夜气,像个呼吸似的从脚下冲发上来。

(《月夜》)

(乙)一到半夜,照例就醒,醒了不觉就悄然。窗外有虫叫着,低低地颤动地叫着,仔细一听,就是每夜叫的那个虫。

我不知于什么时候哭了,低低地颤动地哭了。忽而知道,这哭的不是我,仍是那个虫。

(《虫声》)

上二例都是描写秋夜的,一以月为题,一以虫声为题;一以景色为主,一以作者的心情为主。趣向不同,好坏虽难比较,然秋夜的情调,二者中,何者比较地能表示出来呢?不用说,后者胜于前者了。这个原因,由于(甲)欲以短小的文字写繁复而大的景物,(乙)却只写虫声(一个虫声)的缘故。

欲在一小文中遍写一切,结果必致失败。初学者作"春日游某山记",往往将上午某时出门,途遇某友,由何处上山,在何处休息,何处午餐,游某寺某洞,某时下山,怎样回家等,一一列举于短小的文字中,结果便成了一篇板笨的行事账簿,当然没有什么趣味可得的。

不但描写景物是这样，即在抒情文、感想文、议论文中，也是如此。小品文的材料，与其取有系统的、整个的，不如取偶发的、断片的。例如：

> 去年今日此门中，人面桃花相映红。
> 人面不知何去处，桃花依旧笑春风。

这是崔护的诗，所以读了能使人感动，全在他能触物兴感，把偶发的断片的材料来活写的缘故。如果平铺叙述，把一切事件都说到，就成了"崔护某处人，一日在某处遇一女郎……"样的一篇东西，使人读了，最多也不过得着"哦，有这么一回事"的感觉罢了。

就事件的全体来做小品文的材料，结果只能得到点轮廓，不能得其内容。用譬喻来说，轮廓的文字好像地图，是不能作为艺术品的。我们要作绘画样的文字，不需要地图式的文字。因为从绘画上才有情趣可得，地图上是不能得到的。

从许多断片的部分的材料中，选出最可寄托情感的一点拿来描写，这是作小品文的秘诀。好像打仗，要用少数的兵去抵御大敌的时候，应该集中兵力，直冲要害，若用包围式的攻战法，就要失败的。

四、小品文作法上的注意——印象的

精细的部分的描写，胜于粗略的全体的叙述和说明，这是从前节已可知道的。那么，什么叫作描写呢？

描写是照了事象把它来从笔端现出的意思，和绘画所用的意义相同。说明固不是描写，叙述也不是描写。旧式文章中，说明和叙述的分子很多，近来的文章，除了批评文、感想文等以外，差不多都以描写的态度出之了。

我国古来纯文学作品中很有描写佳例，随录一二，读者当能了解描写的态度。

　　　　山色倒侵溪影，一路随孤艇。

　　　　　　　　　　（杨仪：《桃源忆故人》）

　　　　寒风吹水，微波皱作鱼鳞起。

　　　　　　　　　　（赵宽：《减字木兰令》）

　　　　仰视浮云驰，奄忽互相逾。

　　　　　　　　　　（李陵：《与苏武》）

斜日坠,荒山云黑天垂暮,时见空中一雁来,冷入残芦去。

(蒋冕:《卜算子》)

于上列各例,读者对于他们观察事物的精敏,大约佩服了吧!简单点说:描写就是观察的表出,不会观察事物的人是断不能描写的。前节所说的宁作小部分的描写,不可作全体的叙述和说明,换句话说,就是要描写的,不可是叙述的、说明的。因为短小的文字中,若要装载整个的有系统的材料,必致流于说明叙述,结果便只存了轮廓而使内容完全空虚了。

但从另一方面看,所谓描写的就是"印象的"的意思。我们与事物相对时,心情中必有一种反应或感觉,这普通称为印象。描写是照了所观察的事象如实写出,就是要把印象写出。所以如果是描写的文字,必会成印象的文字。上面所举的描写诸例,都是印象的,都能将自己对于事物所得的印象传给读者。

将自己所得的印象,不加解释说明直现出来,使读者也得着同样的印象,这叫作印象的。试看下例:

（甲）才开窗，湿而且重的温风即吹来，花坛的花枝都带着水珠；蔷薇已落了许多，有几瓣还乱落在花坛外，沾着些泥土了。油也似的雨，还丝丝地亮晶晶地从檐口挂下，罗岩山山腰以上，无声地放着破絮似的云，铅样的湿烟，低低地笼罩湖水，一切都沉滞得如在水银中一样。

（《时雨的早晨》）

（乙）起来正六时，天还未晴，开窗一看，湿而且重的温风就迎面吹来。花坛的花枝上都带着水珠，知道昨夜大雨。蔷薇已落了许多，这蔷薇是今年正月里亲自种的，前天才开，不料就落了。有几瓣还乱落在花坛外，沾着些泥土，这大约是昨夜风大的缘故吧。

油也似的雨，丝丝地亮晶晶地，从檐口挂下，不从檐口去看，却看不出。罗岩山山腰以上放着破絮似的云，天恐一时不会晴呢。铅样的湿烟，低低地笼罩湖水，一切沉滞得如在水银中一样。唉！真令人闷极了。

上面二例，（甲）只述目见的光景，（乙）则于述光景以外,又加入作者自己的解释或说明。读者读了,不消说是取前者不取后者的吧。因为前者比较地能把印象传给读者,且所传给于读者的只有印象,所以读了容易感染。至于后者则像以谆谆的态度教示读者一样,读者读了很感着不自由;且因所传给于读者的不止印象,夹杂着许多不相干的东西,所以印象也就不能分明地传给读者了。

我国旧式文字中,往往以作者自己的态度,强迫读者起同感。如叙述一悲事,结尾必用:"呜呼,岂不悲哉!"叙述一乐事,必要带"可谓乐事也已"之类。其实这是强迫读者的无理的态度。悲不悲,乐不乐,读者自会感受,何必谆谆然教诲人家呢?

描写!描写!部分的精细的分写,胜于全体的叙述和说明!再进一步说,要印象的描写!

五、小品文作法上的注意——暗示的

前节的所谓部分的描写,并非一定主张绝对地描写一部分,目的是要从部分使人仿佛全体。既然能印象地描写,把部分的印象传给别人,全体的影子必然在其中含着,所以必能将全体的光景暗示读者。说明的文字易陷于轮廓的,范围常有一定,文字就往往无余情可得；描写的文字，部分虽小，范围却无限制，可以暗示种种复杂的情景于读者。所以数千字的说明、叙述的文字，有时效力反不及百字内外的描写的文字。小品文的价值大半在此。如果部分的描写，只能收得部分的效果，那就不是好文字。在这个意义上，小品文远比别的长文来得难作。据说，法国雕刻家罗丹雕刻一胸像的时候，先做一全像，完成了再截去手足，而只留下胸部以上的部分。作小品文也非用这样的态度不可。

不要说明的和叙述的，要描写的，要印象的，暗示的；其实这许多话的根本完全相同。说明和叙述必无余情，能描写，自然会成印象的，同时也自然是暗示的了。试看下例：

> 邻家的柿树，今年又结了许多的实了。这家有一个很可爱的小孩。去年这时候，他爬上树去摘那柿子，不小心翻下来了。他哭得不得了，他的父母赶快将他送到医院里去，结果左手带了残疾了。他垂下了左手走过这树旁的时候，总恨恨地对着树看的。真可怜呢！
>
> （《柿树》）

这例彻头彻尾是叙述的、说明的，并无趣味，也没有余情，使人读了不过得着一个大概的轮廓，除了说一句"原来如此"以外，并不会起何等的心情。试再看下例：

> 近地的孩子们笑着喊着，忘了一切捉着迷藏。从折手以后，就失了大将地位的芳哥儿，悄然地在他自己门口徘徊，恨恨地对着那柿树的弯曲的枝杈。他是因从这树上翻下，成了一生不可回复的残疾的。
>
> 圆圆的月亮，从柿树的弯曲的枝杈旁上来了，"月亮弯弯……"芳哥儿用眼角瞟视着在狂耍的俦伴，一面大声地唱了起来，眼泪忽然含不住了。

这例和前例面目就大异，芳哥儿的悲哀，以及好胜的性格、将来的运命等等，都可在此表露，是有余情、有个性的文字。前例是事情的全体，后例却只是一瞬间的光景，而效力上，后者反胜于前者。可知部分的印象的描写，可以暗示全体。前例是地图式的文字，后例却是绘画式的文字。

用了部分去暗示全体，才会有余情，在这里，可以觉悟小品文并不是容易作的，所得部分，要有全体作背景才可以，并且，部分与背景的中间，最好要有有机的不可分的关系存在。譬如水上浮着的菱，虽只现一小部分的花叶，但水中却有很繁复的部分潜藏着；而水中潜藏着的繁复的部分，和水上所现出的简单的部分还有着不可分的有机的关系。

暗示是小品文的生命，但所谓暗示却可分两部分来看：一是笔法的暗示，一是材料的暗示。前者比较容易，后者实在很难。如能用暗示的笔法去描写暗示的材料，那就是最理想的了。前面所举的崔护的诗，其好处全在他能用暗示的笔法去描写暗示的材料。

六、小品文作法上的注意——中心

前面曾说：小品文好像以寡兵抵大敌，非集中兵力，直冲要害不可。又说：如果取整个的多数的材料，不如细密写少数的部分的材料。这里所谓中心，也就是这种态度的别一方面。

所谓中心，就是统一的意思。小品文字数不多，如果再散漫无统一，必致减少效用，没有可以逼人的能力。试看下例：

仍不到六时就起来了。因循惯了的我，这几天居然把贪睡的恶癖矫正，足见世间没有什么难事，最要紧的就是克己。克己！克己！校中先生所带讲的"克己"二字的价值，到今方才了解。

盥洗以后，散步校园，昨夜新晴的天，又下起雨来。满想趁今日星期天出外游耍，现在看去，只好闷居在校里了。"不如意事常八九"，世间大概如此吧。

(《朝晨》)

上例前后二段间并无何等的联络，所说的全是截然不同的事，就是无中心、无统一的文字。令人读了以后，不能得着整个的情味。这样的时候，倒不如把两种材料分作成两篇小品文。

没有中心，文字就要散漫无统一，散漫无统一的文字断不能动人。但所谓中心，不是一定限于事项的统一，事项虽不前后联络，只要情调心情上能统一时，仍不失为有中心的文字。例如：专写西湖的早景，是统一的；但于一短文中如果兼写西湖的早景、夜景、雨景而确能表出西湖风景的情调（地方色）时，仍不失为有统一有中心的文字。试再看下例：

狗叫过好几次了,父亲还没有回来。在洋灯旁缝着衣服的母亲,渐渐把针的运动宽松;手中的布也次第流到桌上去了。

邻家很远,大哥昨日到上海做学徒去了。窗外的风声、犬声,壁上的时钟声,以及母亲的轻微的鼻息声,都觉得使我感着说不出的寂寥。

狗又叫近来了。母亲很无力地张开眼来,好像吃了一惊了似的,仍旧提起了皱罗罗布来一针一针地缝着。

夜不觉深了!

(《夜》)

上例材料上并不统一,尽有前后无关系的事项,但情调却并不散漫,读了可以使人得着一个整个的寂寞无聊的感情。这就是以情调心情为中心的文字。

从此可知文字不可无中心,这中心用事项来做,或是用情调来做,是不必限定的。只要不是杂凑的文字大概自然都有中心可说,因为我们要忠实地写一事实或一情调时,绝不至于说东扯西,弄成无统一的文字的。

七、小品文作法上的注意——机智

小品文如奇兵，平板的笔法断难制胜，非有机智不可。我们观察事物，有正面观察和侧面观察二种。正面观察每多平板，常不及侧面观察的来得容易动人。因为正面的部分是大家都知道的，侧面的部分往往为人所不顾及的。能将人所忽略的部分从事观察，文字就容易奇警，而表现也容易成功。

相传有一画师，出了一个"花衬马蹄香"的画题，叫许多学生各画一幅。大多数的学生，都从题目的正面着想，画了许多落花，上面再画一个骑马扬鞭的人。这是何等地杀风景呢！有一个聪明学生却不画一片的花瓣，只画一匹马，另外加上许多只随马蹄飞的蝴蝶；画师非常赞许。这是侧面观察成功的一例。

侧面观察就是于事物的普通光景以外，再去找出常人心中所无而实际却有的光景来；这虽有赖于观察力的周到，但基本却在机智的活动。凡是事物，无论如何细小，要想用文字把它表现净尽，究竟是不可能的事。用文字表现，要能使人读了如目见身历，收得印象，全在一二关于某事物的特色。只要是特色，虽很小很微，也足暗示某事物的全体。

例如：霉雨时候，要描写这霉雨天的光景，如果用平板正面的观察的方法来写，不知要用多少字才能写出（其实无论多少字，也写不完全的）。在这时候，假使有人把"蛛网"详细观察，发见"雾样的细雨，把蛛网糁成白色"的一种特别的光景，把这不大经人意的材料和别的事情景况写入文字中，仅这小小的材料，已足暗示霉雨天了。试再看下列各句：

（1）正午的太阳，照得山边的路闪闪地发白光。山脚大松树的树身上流着黄白色的脂浆。

(《暑昼》)

（2）日光在窗纸上微微地摇动，落叶掠下来在窗影上画了很粗的黑线。

(《初冬晴日》)

上二例都是侧面描写，并不琐碎地把暑日或初冬的光景来说，而暑日或初冬的光景却已活现了。

以上是从机智的一方面的说明。机智还可从别一方面说：就是文字有精彩的部分和平常的部分可区别。文字坏的,或者是句句都坏;文字好的,却不是句句都好。一篇文中,有几句甚或只有一句好的,有几句平常的。在好的文字中,这好的几句的位置,常配得很适当。

在平常的文字中,加入几句使成好文字。这种能力是作文者大概必须的。特别地在作小品文时,这能力格外重要。在小品文中,要有用一句使全体振起的能力才好。试看下例:

> 弱小的菊科花开出来使人全不经意,却颤颤地冷冷地铺满了庭阶。无力的晚阳,照在那些花的上面,着实有些儿寒意。原来秋已来了。
>
> (叶绍钧:《母》)

这文末句,是使全体统一收束的,在文中很有力量。如果没有末一句,文字就要没有统一,没有余情了。又如:

> 正坐在椅子上诵读英文,忽然一个蚊子来到脚膝下;被它一刺,我身一惊,觉得很难忍;急去拍时,已经飞去了。没有多少时候,仍旧飞近我身边,做嗡嗡的叫声。我静静地等它来,

果真它回到原处，它伸直了脚，用口管刺入我的皮肤，两翼向上而平，好像在那里用着它的全副精神似的。我拍死了他，那掌上粘湿了的血水，使我感得复仇的愉快和对于生命的怜悯。

（某君：《蚊》）

这篇所以还算好的，关系全在末一句。如没有末一句，全体就没了意义。以上二例都是以末一句使全文振起的，其实有力的句子并不一定限于放在末了。

以上虽就描写文而说，其实所谓侧面观察，所谓一句使全文振起，不单限于描写文，在议论、感想等类的文字中，也很必要。在议论文、感想文中，所谓"警句"者，大都是侧面观察成功的，有振起全文的能力的。例如：

戏子们何等幸福啊！他们自己随意选择了扮作喜剧或扮作悲剧，要苦就苦，要乐就乐，要笑就笑，要哭就哭。在实生活上却不能这样。大抵的男女都被强迫了做着自己所不愿做的角色。这个世界是舞台，却没有好戏。

——王尔德

一日一日地过去，无论哪一日，差不多都是空虚、厌倦、无聊，在后也不留什么的痕迹！一日一日地过去，这些时间，原实是无意味无智的东西，然而人总希望共同生存。他们赞美人生。他们将希望摆在人生上面，自己上面，及将来上面。啊！他们在将来上面期待着怎样的幸福啊！

　　那么为什么，他们认作来日不像正在过着的今日一样呢？

　　不，他们并未想过这样的事，他们全不喜想，他们只是一日一日地过去。

　　"啊！明日，明日！"他们只是这样自慰，直到"明日"将他们投入坟墓中去为止。

　　可是，一等入了坟墓，他们也就早已不想了。

——屠格涅夫

　　上二例都是名文，寥寥数言中，实已喝破真理的一面。其末句都很有力，使人读了怒也不是，哭也不是，笑也不是，不知如何才好。又本篇第一节所举的《鸡》，差不多全体是警句，可以参照。

（节选自《文章作法》，开明书店1930年版）

如何写抒情散文

胡怀琛

一、总论

这一篇是说如何动笔写抒情散文。换一句话说：就是写的方法。在旧的方面，有所谓"古文笔法"，有所谓"古文义法"，有所谓"赋兴比"，有所谓"古文四象"，等等。在新的方面，便是修辞学和各种主义等。这些名称，虽然是一般的文学里的名词，不是抒情散文里所专有的名词；然抒情散文是包括在一般的文学作品以内的，所以这些名称也适用于抒情散文。不过，我这里并不是采取这些方法的任何一种，只不过把它略说一下。

二、所谓古文笔法

所谓"古文笔法",就是用笔的方法。如何"起"?如何"结"?如何"抑"?如何"扬"?如何"顿"?如何"挫"?如何如何?说得很详细。不过,照现代的眼光看起来,这些方法,无非是所谓"绕笔头"。我们学会了"绕笔头",可以作得出清通流丽的文章,但不一定能作得出好的抒情散文。按照"笔法"去作文:笨拙的人,苦被笔法所束缚,而作不出好文来;聪明的人,往往只学会了空调。

三、所谓古文义法

"古文义法",也和"笔法"的性质差不多,不过程度高一些。在旧时候人家是很重视它的,不过,照现代的眼光看起来,也是不对。

四、赋兴比

"赋兴比",虽然是诗歌里用的名词,然抒情散文与诗歌有相同之点,所以这三个字也适用于抒情散文。"赋",就是直陈其情,"兴",就是从他事他物说起，慢慢地说到自己的情感，"比"，就是借他事他物，发抒自己的情感，旧时通称为"借题目作文章"，又称为"借人家的酒，浇自己的块磊"。换一句说：就是面子上说的是人家，骨子里说的是自己。

五、所谓古文四象

所谓"四象"，这个名词，太抽象了。它是根于"阴""阳"二字而来的。从"阴""阳"分化为"太阴""太阳""少阴""少阳"而称为"四象"。所以要说明"四象"，不如先说"阴""阳"。"阴""阳"二字，也可用其他相当的名词来代替，如"刚""柔"，"硬性""软性"等便是。

六、修辞法

这是大家所知道的，不必多说。关于修辞学，另有专书。一切的文学作品，都要用修辞方法，当然，抒情散文也要用修辞方法。不过，另有专书，我这里不多说了。

七、各种主义

这就是文学上的各种主义，如"浪漫主义""象征主义"等便是。虽然"主义"和"作法"不能混为一谈，但其中也有互相关系之点。例如"象征主义"和修辞学中的"比喻"和"赋兴比"中的"比"，是差不多。关于文学上的各种主义，另有专书，这里也不能多说。读者如欲读一读这类书，就我所知，以《近代文学 ABC》为佳。

八、我的方法论

根据上文所言，旧的方法既无足取（至少也须变通），而修辞学及各种主义，又不能说它就是写抒情散文的方法。那么，写抒情散文的方法是怎样呢？我的意见是如下。

必须先有了很深的情感，很真的情感，然后让它流露出来。至于写的方法，从一方面说，不外是"明写"或"暗写"；从另一方面说，不外是"率直的写法"和"婉转的写法"。

不过，另外有一个注意点，就是所用的方法，是要跟着所抒的情而不同。例如抒愤怒之情，多用"明写"，多用"率直的写法"；抒忧郁之情，多用"暗写"，多用"婉转的写法"。这是一定的道理。

此外，再有一点要注意，所用的方法，也跟着作者的个性、环境、时代、年龄、性别等而不同。例如，个性刚强的作者，多用"明写"，多用"率直的写法"；个性柔弱的作者，多用"暗写"，多用"婉转的写法"；少年的作者，文笔稚弱而流丽，善于用"婉转的写法"；老年的作者，文笔老练而简当，宜于用"率直的写法"。其他环境、时代、性别等，都有关系。

现在我们再把新旧各个名词比较一下，列一个表如下：

明写	赋	阳	
暗写	比	阴	象征

率直的写法	阳	刚	硬性	壮美
婉转的写法	阴	柔	软性	优美

我们再假定一个例，看这篇抒情文是怎样的写法。

所表的情	是怜悯	应用婉转的写法
作者个性	刚强	宜用率直的写法
作者环境	受压迫而无法反抗	宜用婉转的写法
作者时代	太平时代而讲禁忌	宜用婉转的写法
作者年龄	二十岁	善于用婉转的写法
作者性别	男	善于用率直的写法

这篇抒情散文的结果是怎样呢？我想它所用的方法应该是六分之二是用"率直的写法"，六分之四是用"婉转的写法"。

照此看来，我们作一篇抒情散文，所用的方法，大多数是复杂的，绝少单纯的。简直可以说，都是复杂的，没有单纯的。

不过，我们在这里讲方法，不能不以各种单纯的方法为单位。

（选自《抒情文作法》，世界书局1931年版）

为什么要注重叙事文字

梁启超

前几天接校长的信，叫我替本校文学会作一次讲演。文学会所要求者，谅来是纯文学方面的讲题，但我对应用文学方面有点意见。觉得是现在中学教育上很重要的问题，所以趁这机会陈述大概，和教员学生们讨论讨论。至于纯文学的讲题，过几天若有机会，或者再和诸君聚谈一回也可以。

应用文的分类，大约不出议论之文和记述之文两大部门——通俗一点说，就是论事文和叙事文。论事文和记事文孰为重要，学起来孰难孰易，这些问题，各人有各人的看法，姑且不细讨论。但现在学校中作文一科，所作者大率偏重论事文，我以为是很不对的。因为这种教法，在文章上不见得容易进步，而在学术上德性上先已生出无数恶影响来。

　　学校专教做论事文，全是中了八股策论的余毒。从前科举时代，聚了成千数万人在一个考场里头，限着一定时刻叫他们做几篇文章。文章的种类，或者在"四书五经"里拈出一句或一节做题目，叫人敷衍成几百字，便是八股。或者出个题目说某项国家大事应该如何办法，叫人发一套议论，便是策。又或者把历史上某个人某件事叫人批评一番，便是论。这种考试法，行了一千几百年，不知坑陷了几多人。不幸现在的学校，玩的依然是那一套，虽形式稍变，而精神仍丝毫无别。不过把"四书"语句的题目改成时髦学说的题目，例如从前是"学而时习之，不亦说乎"，现在却改成"学问之趣味"，从前是"言忠信行笃敬"，现在却改成"克己与自治"。又或把从前万言策或《东莱博议》的论文改为现在的政治谈、人物评，例如从前的"复井田议"，现在改为"土地国有论"，从前的"边防策"，现在改为"国耻纪念感言"，从前的"管仲论""范增论"，现在改为"华盛顿论""列宁论"，等等。

这种教作文法，可以生出以下各项毛病。

第一，奖励剿说。从前是把孔夫子的话敷衍成文，现在是把教科书或教师平日所讲的话敷衍成文，句句都说得对，却没有一句是自己的。因为句句都对，教师便不能不给他浓圈密点，不能不多给他分数。作者也忘了形，真以为自己发见什么真理了。

第二，奖励空疏及剽滑。做这些说空理发空论的文章，并不要什么正确资料为基本，所以不必要有什么精深的研究。或者好研究的人，倒不如浮光掠影之谈说出来反加流利。所以做惯这种文章的人，结果会变成北京里堕落的旗人子弟，说话十分漂亮，很像通达正理，肚里却一毫经纬没有。

第三，奖励轻率。凡判断一项事理，提出一种主张，岂是容易的事。不知要经多少方面的客观考察，历多少次曲折的试验，才着得一点真知灼见。在纸片上发空谈，一若天下事指顾可定，说起来花团锦簇，却是不许人质驳，唐宋以来的文家，大率如此。青年时代作惯了这种文，便养成视事太易的心理。将来做起事来，便会轻躁不踏实。

第四，奖励刻薄及不负责任。一人有一人的环境，一事有一事的曲折，所以对于人与事的批评是很不容易的。像现在国文读本里头最通行的什么"管仲论""范增论"等等，开口便说"我若是他便怎样办怎样办"，其实和那时候的时势事实全不相应，说的都是风凉话。青年学惯了这种文，便只会挑剔别人是非，一面却使自己责任心薄弱，不问做得来做不来的事一味瞎吹瞎说。

第五，奖励偏见。会做八股策论的人，若要出奇制胜，最妙是走偏锋，做翻案文字。这种做法，一方面可以矫正剿说的毛病，但一面却去养成强词夺理的习惯。专喜欢改变客观的事情来就自己的偏见，结果也会养成一个刚愎乖谬的人。

第六，奖励虚伪。总而言之，现在学校里这类国文功课，学生并没有什么新理经自己发明要说出来，教师却出一个题目叫他说这种道理；学生并没有什么真感情真议论一定要发泄，教师也指定一个题目像榨油似的去榨出他的感情议论。学生为分数起见，只好跟着混。你要我论辩，我便信口开河，你要我抒情，我便声随泪下。结果变成粉墨登场的戏子，底面判然两人了。

以上这些话，或者有人疑我说的太过火，其实不然。学校里功课虽有多种，大率都是"受"的——

159 为什么要注重叙事文

先生给他的，求所谓自动的自发的，就只作文一课成分最多——最少中国现在学校是如此——在作文课内养成这种种恶习惯，焉能不说是教育界膏肓之病。宋明以来，士大夫放言高论，空疏无真，拘墟执拗，叫嚣乖张，酿成国家社会种种弊害，大半由八股策论制造出来，久已人人公认了。现在依然是换汤不换药，凡有活动能力的人都从学校出，凡在学校里总经过十几年这种奖励，……奖励，奖励，奖励，奖励偏见，奖励虚伪的教育，养成不健全的性格。他入到社会做事，不知不觉——映现在一切行为上来。国家和社会之败坏，未始不由于此。

我并不说论事文不该学做，论事文可以磨练理解力、判断力，如何能绝对排斥？但我以为不要专做，不要滥做，不要速做。等到学生对于某一项义理某一件事情某一个人物确有他自己的见解——见解对不对倒不必管——勃郁于中，不能不写出来，偶然自发地做一两篇，那么，便得有做论事文的益处而无其流弊了。

然则学校所教的最重要是哪一类文呢？我以为莫如叙事文，学作叙事文的好处如下。

第一，有一定的客观事实为范围，不能凭空构造或增减，敷衍虚伪的话，一句也插不上去。令学者常常注精力于客观事物的观察，自然会养成重实际的习惯，不喜欢说空话。

第二，事实的资料，是要费力去搜罗得来的。从哪里才可以得着资料，也有种种途径。因此可以令学者磨练出追求事物的智慧并养成耐烦性。

第三，事实搜齐之后，如何才能组织成篇，令人一目了然，而且感觉叙述之美，这里头很费功夫。因此令学者可以练习对于客观事物之分析综合，磨出缜密的脑筋，又可以学成一种组织的技能。

第四，凡一件事无论大小，总有各部分的相互关系和时间的经过变迁，能留心忠实考察一番写得出来，自然对于这件事的真相及其因果利病完全了解。因此可以得着治事的智慧，将来应用到自己所做的事增加许多把握。

学做叙事文的主要好处如此，还有许多附带的好处，我一时说不尽了。

然则学校里为什么只喜欢教做论事文不喜欢教做叙事文呢？依我想，也有难怪之处。第一件，因为学校作文的时间短促，每回不过一两个钟头，而且在一个教室内监督着交卷，其势只能叫学生们说几句空话,不能作复杂研究的记述。第二件,因为没有适当的资料,叫学生记事,有何可记呢?难道天天叫他们记学校生活吗?当然不行。不行又怎么样呢?(下缺)

(选自《饮水室合集·文集》,中华书局1936年版)

下篇

作文教学法

梁启超

一

孟子说:"能与人规矩不能使人巧。"文章做得好不好属于巧拙问题,巧拙关乎天才,不是可以教得来的。如何才能做成一篇文章,这是规矩范围内事。规矩是可以教可以学的。我不敢说懂了规矩之后便会巧,然而敢说懂了规矩之后,便有巧的可能性。又敢说不懂规矩的人,绝对不会巧;无规矩的,绝对不算巧。所以本讲义所讲,只是规矩。间有涉及巧的方面,不过作为附带。

诸君听这段话,切勿误认我所讲的与

什么文章轨范、什么桐城义法同类，那种讲法，都是于规矩外求巧。他所讲的规矩，多半不能认为正当规矩。我所要讲的，只是极平实简易，而经过一番分析，有途径可循的规矩。换句话说，就是怎样地结构成一篇妥当文章的规矩。

结构成一篇妥当文章，有最低限度的要求，是"该说的话，或要说的话不多不少地照原样说出，令读者完全了解我的意思"。这个要求，看似寻常，其实实行做到，极不容易。试把它分析一下。

（一）该说的话

该说的话，是构成文章必要的原料。作文第一步，先把原料搜集齐备，便要判断哪种原料是要的，哪种是不要的。要不要的标准，要相题而定——又要看时候如何，又要看作者地位如何，又要看读者地位如何。例如作一篇南开暑期学校记和作一篇论暑期学校之功用，关于暑期学校的原料可以彼此通用的虽然甚多，然而两篇所应去应取当然不同。同是这两个题目，今年作的，和三两年后作的，所说话当然不同。同是作记，以南开为主体，与以暑期学校为主体，所该说的话，当然各各不同。同是作论，对办学的人说，和对学生说，所该说的话当然各各不同。该说的不说，不该说的说，都是文家第一大忌。该说的不说，我们在古人文中很难举出确例。因为我们认为该说的话，也许作者当时实在没有完备的材料。然而也有许多地方可以看得出来，例如司马迁作的《孟子荀卿列传》。他所根据的资料——《孟子》《荀子》两部书现在尚存，我们仔细研究一下，便发见出传中该说而未说的话很多。不该说而说，可以算是二千年来文人通病。有名的六朝骈体文和唐宋八家文，依我看来，总是可以不说的话居十之八九。因为他们不是有话在肚子里要说才作文，乃是因为要做文才勉强找话来说。还有许多话，在这个人是该说的，在那个人是不该说的，在这时候是该说的，在那时候是不该说的。例如最近黎黄陂复职前所发的"鱼电"，可以说是人人该说的话，也可以说是黄陂无论何时都该说的话，独有黄陂自己打定主意承认复职前之数日，便不该说。学作文的人，先要自己定出个立脚点，然后根据这立脚点把该说的话定出个范围，这是第一种规矩。这种规矩是有普遍原则可以求得的。

（二）要说的照原样说出

原样有两种：（1）客观的原样；（2）主观的原样。客观的原样，指事物之纯粹客观性，像画画一般，画某人便的确是某人，画那处风景便的确是那处风景，这是做记载文最必要的条件。主观的原样，指作者心里头的印象，要把它毫厘不爽地复现到纸墨上来。两者之中，尤以主观的为最紧要，因为任凭你如何主张纯客观的作品，那客观的事物总须经过一番观察、审定、别择才用来入文，不能绝对地与主观相离。文家临到下笔时，已经把一切客观的都成为"主观化"了。所以能够把主观的原样完全表出，便算尽文章能事。但这句话却很不容易实现。我们拿着一个题目，材料也有了，该说话的范围也定了，但对于所有材料，往往就苦于无法驾驭，有时材料越发多越发弄得狼狈，闹到说得一部分来丢了一部分，把原有的意思都走了，又或意思格格不达，写到纸上的和怀在心中的完全两样。想医第一种病，最紧要是把思想理出个系统来，然后将材料分种类、分层次令它配搭得宜。想医第二种病，最要紧是提清主从关系，常常顾着主眼所在，一切话都拥护这主眼，立于辅助说明的地位。这又是作文最重要的规矩。这种规矩也是有普遍原则可以求得的。

（三）令读者完全了解

这句话看着像很容易，其实不然。我自己读许多有名的古文，便不了解它真意何在。所以令人不了解之故有四：其一，谬为高古，搬上满纸难字或过去的文法，令人连句也点不断，段落也分不清。其二，没有论理学的修养。（编者按：原文如此，仅两点。）

二

今论记载文作法，凡叙述客观的事实者为记载文，其种类可大别为四。

（1）记物件之内容或状态。如替一部书作提要，替一幅图画作记，说明一种制度的实质，说明一件东西的特性之类。

（2）记地方之形势或风景。记形势的如方志之类，记风景的如游记之类。

（3）记个人之言论行事及性格。简要的如列传之类，详细的如行状、年谱之类。其中复可分为一人专传、多人合传。

（4）记事件之原委因果。小之记一人一家所发生的事件。大之记关于全国家全人类的事件。短之记以一日或几点钟为起讫的事件。长之记数千年继续关系不断的事件。

上四类中，第一类最为易记。因为范围是有限制的，观察力容易集中。性质是固定的，让我们慢慢地翻来覆去观察，不会变样子。第二类也还易记。因为性质虽然不免变化，比较地还属固定，空间的范围虽然复杂，可以由我们画出界限部分来。第三类的记载便较难。头一件，因为人类生活总须有相当的时间经过才能表明，而时间最是变动不居的。第二件，因为要想明白一个人的真相，不能光看他外表的行事，还要看他内在的精神；不能专从大处看，有时还要从小处看。所以作一篇好传记，实不容易。至于第四类的记载便更难了，要知道一件事的原委因果，总要把时间关系、空间关系观察清楚，把人的要素物的要素分析明白，种种极复杂状态都拼拢在一齐，非大大地费一番组织功夫，不能记述得恰好。

无论做何类记载文，有两个原则总要教守的。

第一，要客观的忠实。

记载文既以叙述客观的为目的，若所记的虚伪或伪舛或阙漏，便是与目的相反。所以对于材料之搜集要求其备，鉴别要求其真，观察要求其普遍而精密，尤要者，万不可用主观的情感夹杂其中。将客观事实任意加减轻重，要而言之，凡作一篇记载之文，便要预备传到后来作可靠的史料。一面对于事实负严正责任，一面对于读者负严正责任。学生初学作文时，给他这种观念，不惟把"文德"的基础立得巩固，即以文体论，也免了许多枝叶葛藤。

　　第二，叙述要有系统。

　　客观的事实总是散漫的、断续的，若一条一条地分开胪列——像孔子作《春秋》一般，只能谓之记载，不能谓之文。既要作文，总须设法把散漫的排列起来，把断续的连贯起来，未动笔以前，先要观察事实和事实的关系，究竟有多少处主要脉络，把全篇组织先主出个系统，然后一切材料能由我自由驾驭，教学生作文从此入手，不惟文章容易成就，而且可以养成他部分的组织能力。

三

　　以上泛论记载文的纲领已完，以下便举实例分论各种作法。

记载文有把客观事实全部记载者，例如韩昌黎《画记》(《古文辞类纂》卷五一) 记的是一幅田猎人物画手卷，用四百多个字，把画中人马及其他动物杂器物五百多件全部叙入，能令我们读起来仿佛如见原画。我常推它是昌黎集中第一杰作。他这篇杰作，实很费一番组织功夫才能构成。他先把全画人物分为四大部，一人，二马，三其他动物，四杂器物。第一、第二部用列举的记叙法，第三、第四部用概括的记叙法，他把这个组织系统先行立定，再行驾驭画中的材料。写人的状态应最详，他便用精密的列举，先写大人，后写妇人小孩。大人之中，先写骑马的，次写别种动作的。骑马之中又种种分类，别种动作中又种种分类。叙明作某种状态若干人，某种某种状态者又若干人，而总结之以"凡人之事三十有二，为人大小百二十有三，而莫有同者焉"。次叙马，亦列举其状态，而不举每种状态所占之马数，总结处却与叙人同一笔法，说道"凡马之事二十有七，马大小八十有三，而莫有同者焉"。次叙其他动物，则但云"牛大小十一头，橐驼三头……"，但举其数，不复写其状态。次叙杂器物，则分兵器、服用器、游戏器三类，统记其总数"二百五十有一"，更不分记某器有若干具了。其余山水树林等情形，文中一字不见，但我们从他写人马状态里头大约可以推度得出来。这篇文用那么短的篇幅，写那么琐屑复杂的物态，能令人对于客观的原样一目了然，而且文章上很发生美感。问他何以能如此呢？主要功夫全在有系统的分类观察，把主从轻重先弄明白，再将主要部分一层一层地详密分类，自然能以简御繁。我们想练习观察事物的方法，便是一个模范。

这种叙述法，施诸一幅呆板的画或尚适用，因为画中人物虽极复杂，毕竟同属画出来的东西，想把它全部叙下，还有办法。若所叙的对象含有各种不同性质，你想要全部一丝不漏都叙下，结果一定闹到主从不分明，把应叙的倒反落掉，令读者如堕五里雾了。所以叙事文通例，总事限于部分的记述，纸面的记述虽仅限于一部分，而能把全部的影子摄进来，便算佳文。

部分记述之主要方法有四：

（1）侧重法。

（2）类概法。

（3）鸟瞰法。

（4）移进法。

侧重法，专注重题中某一点或某几点，其余或带叙或竟不叙。最显著的例，如陈群等之《魏律序略》（《晋书·刑法志》引）目的专在记魏律与秦汉律篇章之异同，起首便说道："旧律所难知者，由于六篇篇少故也。篇少则文荒，文荒则事寡，事寡则罪漏，是以后人少增，更与本体相离。今制新律，宜都总事类，多其篇条。"这几句把改律的动机和宗旨都简单明了提出，以下便将旧律某篇某篇如何不合论理，如何不便事实，据何种理由增加某篇，挪动某条。末后总结一笔："凡所定增十三篇，故就五篇合十八篇，于正律九篇为增，于旁章科令为省矣。"全文不过七百字，然而叙述得非常得要领，我们试把它仔细研究一遍，便可以制成一个极明了的"汉魏律篇章对照表"。它对于许多法律上重要问题，都没有提及，所记专集中于这一点，正惟集中于这一点，所以对于这部分确能充分说明，遂成为天地间有用且不朽之文。

凡遇着一个廓大的题目，应该叙述的有许多部分，最好专择一部分为自己兴味所注者以之为主，其余四方八面观察都拱卫着它，自然会把这部分的真相看得透说得出。别的部分，只好让别人去研究说明，这种方法，虽然可以说是文学家取巧，其实也是做学问切实受用的一种途径。

　　侧重法，只要能把所重的说得透切，本来不论侧重哪一点皆可，但能够把题目最重的地方看清楚，然后用全力侧重它，自然更好。我刚才说过："部分的叙述，须能把全部影子摄进来。"想以部分摄全部，非从最重要处落脉不可。比方攻击要塞，侧重法是专打一个炮台，所打的若是主力炮台，自然比打普通炮台效力更大了。例如有一个题目在此，"记德国新宪法"。不会用侧重法的人，想要把全宪法各部分平均叙述，一定闹到写了几万字还是茫无头绪。会用侧重法的人，便只认定某几点重要，其余都不管。但是同一样的侧重法，侧重得握要不握要，文章价值自分高下。例如侧重在新宪法和旧宪法比较，看帝制与共和异同何在，原不失为一种好方法。但关于共和之建设，各国大略相同，就令从这方面详细解剖，仍不足以说明德宪特色。我们有位朋友张君劢做过这一篇文，专把德宪中关于"生产机关社会有"的条文和关于"生计会议"的组织及权限详细说明，其余多半从略。这便是极有价值的一篇文字，因为这两点是从来别国宪法所未有，德国新宪能在今后立法界有绝大价值，就靠这两点。

凡一件事实，总容得许多观察点，所以一个题目，容得有许多篇好文章。教授学生时，最好是择些方面多的题目，先令学生想想这题目可以有几个观察点，等他们答完之后，教师把几个正当观察点逐一指出，然后令各生自认定一个观察点做去。既认定时，便切戒旁骛以免思路混杂，凡所有资料，皆凭这观察点为去取，经过几回这样的训练，学生自然会把侧重法应用得很好了。

但前文讲的观察点之比较选择，万不要忘却，倘若所选之点太不关痛痒，总不成为正当的好文章。例如《史记·管晏列传》叙个人关涉琐事居大半，太史公自己声明所侧重的观察点，说道："至其书，世多有之，是以不论，论其轶事。"他既有了这几句话，我们不能责备他不合章法，但替两位大政治家作传，用这种走偏锋的观察法，无论如何我总说是不该。

四

类概或类从法者，所记述的对象不能有所偏重，然而又不能偏举，于是把它分类。每类挈出要领，把所有资料随类分隶。这种模范作品，最可学的是《史记·西南夷列传》。

> 西南夷君长以什数，夜郎最大；其西靡莫之属以什数，滇最大；自滇以北君长以什数，邛都最大。
>
> 此皆魋结，耕田，有邑聚。
>
> 其外，西自同师以东，北至楪榆，名为嶲、昆明，皆编发，随畜迁徙，毋常处，毋君长，地方可数千里。
>
> 自嶲以东北，君长以什数，徙、筰都最大。自筰以东北，君长以什数，冉駹最大。其俗或土著或移徙，在蜀之西。自冉駹以东北，君长以什数，白马最大。皆氐类也。
>
> 此皆巴蜀西南外蛮夷也。

这篇传叙的川边川南云南贵州一带氐羌苗蛮诸种族，情形异常复杂，虽在今日，尚且很难理清头绪。太史公却能用极简净的笔法把形势写得了如指掌。他把他们分为三大部，用土著游牧及头发的装束等等做识别，每一大部中复分为若干小部，每小部举出一个或两个部落为代表。代表之特殊地位固然见出，其他散部落亦并不罣漏。到下文虽然专记几个代表国——如滇、夜郎等——的事情，然已显出这些事情是西南夷全体的关系。这是详略繁简最好标准。

凡记载条理纷繁之事物，欲令眉目清楚，最好用这方法。用这方法最要注重的功夫是分类。分类所必要的原则有三：第一要包括，第二要对等，第三要正确。包括是要所分类能包含该事物之全部。对等是要所分类性质相等。正确是要所分类有互排性不相含混。例如说中国有汉满蒙回藏五族，这个分类便不包括，因为把苗子、猡猡等族漏掉了。例如把日月及金木水火土五星名为七曜，便是不对等。因为日月和五行星不同性质。例如把中国书分为经史子集四部，便是不正确。因为有许多书可以入这部也可以入那部，或者入这部不对入那部也不对。分类本来是一件极难的事，以严格论，每种事物，非专门家不能为适当的分类。但要想学生心思缜密，非叫他们多做这层功夫不可。学校做记事文，尤以此为紧要途径。好在学生学别种功课时，已经随时得有分类的智识。教授作文时，一面把他们已学过的功课当题目叫他们就所听受者加详加密分类，一面别出新题目叫他们自己找标准去分类。如此则作文科与别科互相联络，学生无形间可以两面受益。

把类分清之后，要看文章的体裁篇幅何如。若是一篇长文乃至著一部书应该逐类都详细说明，那便循着步骤说去就是了。倘若限于篇幅要有剪裁，那么学《史记·西南夷列传》先将眉目提清，再把各类的重要部分重笔特写以概其余。这是作文求简洁的最好法门。

试再举两个分类的例。各史《儒林传》，自《晋书》以下都不分类了。我们读起来便觉得流派不明。《史记》《汉书》《后汉书》所叙各儒者，都不以年代为次，但以各人所专经分类。《后汉书》更分得清晰，每部经分今文家、古文家，两家中又分派，每派各举出几个代表人物。读过去自然把一代经术源流派别都了然。所以《晋书》以下的《儒林传》可以说是无组织的，前三史是有组织的，《后汉书》是组织得最精密巧妙的。

又如魏默深著的《元史》体例和旧史很有不同。他立的传很少，应立传的都把它分类。他只用开国功臣、平金功臣、平蜀功臣、平宋功臣、某朝相臣、某朝文臣、治历治水诸臣等等名目做列传标题，把人都纳在里头，于是凡关于这一类人所做的事情，都归拢在一处。每篇之首，把事的大纲提挈清楚，用几个重要人物做代表，其余二三等人附带叙入。事迹既免罣漏，又免重复，又主从分明。比较各史，确应认为有进步的组织。这段话讲的是著书体例。教学生作文或说不到此，但以文章构造的理法论，构造几十卷书和构造几百字的短文不外一理。总要令学生知道怎样才算有组织，怎样才算组织得好。做有组织的文字，下笔前甚难，下笔后便容易，做无组织的文恰恰相反。同是一种材料，组织得好，费话少而能令读者了解且有兴味；组织得不好，便恰恰相反。想学记载文的组织文吗？分类便是最重要的一步功夫了。

五

鸟瞰法和前两法不同。前两法都要精密的观察，鸟瞰法只要大略观察。像一只鸟飞在空中，拿斜眼一瞥下面的人民城郭，像在腾高二千尺的飞机上头用照相镜照取山川形势。这种观察法在学问上很是必要。前人有两句诗说得好："不识庐山真面目，只缘身在此山中。"若仅有部分的精密的观察，结果会闹成显微镜的生活。镜圈里的情形虽然看得无微不至，圈子外却是茫然。如此，则部分与部分间的相互关系看不出来。甚至连部分的位置也是模糊，绝不能算是看出该事物的真相。鸟瞰法虽然是只得着一个朦胧影子，但这影子却是全个的。

这个方法，凡做一部书的提要或做一个人的略传、一件事的略记，都要用它，而且在一篇长文中总须有地方用它，所以要学。

鸟瞰法的最好模范，莫如《史记·货殖列传》。从"汉兴海内为一"起，到"燕代田畜而事蚕"止。这几大段讲的是当时经济社会状况。物的方面把各地主要都市所在，与物产的区划、交通的脉络，人的方面，把各地历史的关系，人民性质遗传上的好处坏处、习惯怎样养成、职业怎样分布，都说到了。他全篇大略分为六部：（1）关中（陕西），当时帝都，把陇（甘肃）蜀（四川）附入。（2）三河（河南），把种代赵中山（山西及直隶之一部）附入。又附论郑卫（河南）。（3）燕（直隶）把辽东附入。（4）齐鲁（山东）。（5）梁宋（山东及河南间）。（6）三楚，西楚指江淮上游一带（湖北及河南四川之各一部），东楚指江淮下游一带（江苏安徽附浙江），南楚指东南大部分（安徽江西湖南广西广东）。他分类不见得十分正确，所论亦互有详略，加以太史公一派固有的文体很有些缭纠，像不容易理出头绪。但能把各地的特点说出，各地相互的关系处处保联络，确是极有价值的一篇大文。

鸟瞰法的文做得好不好，全看它能不能提挈起全部的概要，试举两篇同题的为例。汉朝的高诱作了一篇《吕氏春秋序》（现在冠于原书篇首）。清朝的汪中也同样有一篇（《述学补遗》），高诱的钞《史记·吕不韦列传》占了四分之三，都是说吕氏的故事。其实吕氏并非学者，这书又是他的门客所编，与本人无甚关系。况且这些话《史记》都说过，何必再说呢？末段才说到这书的内容，说"此书所尚，以道德为标的，以无为为纲纪，以忠义为品式，以公方为检格……"全是空话，而且四句之中便有重复，我们读了绝不能对于这部书得何等印象。汪中的便不是这样。他说他某篇某篇采自儒家言，某篇某篇采自道家言，某篇某篇采自法家、墨家、兵家、农家言，末后总结说："是书之成，不出于一人之手，故不名一家之学，而为后世《修文》《御览》《华林》《编略》（类书）之所托始，《艺文志》列之杂家，良有以也。"我们读了这篇序，就令看不见原书，然而全书的规模性质都可以理会了。

六

移进法和前三项不同。前三项都是立在一个定点上从事观察，或立在旁边，或立在高头，或精密地观察局部，或粗略地观察全体，要之作者拣择一个定点站住，自然邀同读者也站定这一点。把我观察所得传达给他。移进法恰与相反，作者不站定一点，循着自己所要观察的路线挪动，自己去就它，自然也邀同读者跟着自己走，沿路去观察。这种作法，《汉书·西域传》便是一个好例。

《西域传序》先叙述西域交通的两条路，说道："自玉门阳关出西域有两道，从鄯善傍南山北波河（颜注云：波河，循河也），西行至莎车为南道，南道西逾葱岭则出大月氏、安息；自车师前王庭随北山波河西行至疏勒为北道，北道西逾葱岭则出大宛、康居、奄蔡。"因为这些地方初通中国，一般人不知其所在，不能像什么关中河内燕蓟齐鲁提起名来大家都会想象它在某地点，所以这篇传换一种记载法，先把两条大路点清眉目后，入本传正文，就跟着路线叙去。路线是从南道往，从北道归。头一段说："出阳关自近者始曰婼羌。……西北至鄯善乃当道云。"自此便顺着南道叙鄯善、且末。……经过葱岭中的西夜子合，度岭叙罽宾、安息、大月氏，算是南道的最远点，跟着趋北，叙北道。最远点的康居、大宛。……回头入葱岭，叙捐毒、莎车、疏勒。……顺着北道东归，最后到车师前后王庭而止。其不当两大路之冲者，则随其所附近之路线插叙。每叙一国，都记明去长安若干千里。它这种组织法，和本书的地理志迥别，好像带着我们沿着这两条路线往返旅行一遍，能够令我们容易明白，且有兴味。

和这个一样的作法，如柳子厚的游记。内中《始得西山宴游记》《钴鉧潭记》《钴鉧潭西小邱记》《至小邱西小石潭记》《袁家渴记》《石渠记》《石涧记》《小石城山记》……一连十多篇，其字句之研练，笔法之隽拔，人人共赏，不必我再下批评。最妙是把他逐日的发现名胜，挨次分篇叙述，令我们读起来好像跟他去游览，和他得同等的快乐。这就是移进法的好处。

移进法自然用在地理方面的记载最相宜。因为观察点跟着地段挪移是最便的,但跟着时间挪移也可以。就历史的记载而论,纪传体是站在一个定点上观察的,编年体就是跟着时间挪移的。所以《左传》《通鉴》里头许多好文章,极能引人入胜。还有许多好小说,令读者不能中断,非追下去看完不可。都因为用移进法用得入妙。所写对象本来有空间时间的层次,作文时一步一步移进去,自是这一类作法的正格。亦有本身原无层次,作者自己创造出层次来移进。汪容甫有篇名作《广陵对》,便是绝好模范。汪是扬州人,这篇《广陵对》是说扬州在历史上的关系,替自己乡土大吹特吹。用近人通用的命题,也可以标为"历史的扬州"。扬州史迹本来甚多,若平铺直叙说去,不惟无味,亦且一定错乱罣漏。他把所有史迹先行分类,最初所叙一类,是没有什么成功,然而关系很重大的。从楚汉之交的召平说起,次以汉末三国的臧洪,东晋祖约苏峻构难时的郗鉴,桓元僭逆时的刘毅,萧梁侯景作乱时的祖皓、来嶷,唐武后革命时的徐敬业,宋篡周时的李重进,宋亡时抗拒蒙古的李庭芝,明亡时抗拒满洲的史可法,恁么多件事并为一类,都是忠愤爱国一流,总束一句道:"历十有八姓二千余年,而亡城降子不出于其间。"引起读者的眼光看扬州成了忠义之乡了。然而这些什有九都是失败的史迹，而且主其事者多半不是扬州人，于是他进一步，叙本土人有成功为一类。内中又分两小类，先从守境之功说起。叙三国时陈登的匡琦之战，南宋时韩世忠的大仪之战，宋元之交赵葵的新塘之战，继叙进取建设之功，则晋拒苻秦时谢玄的淝水之战，隋平陈时贺若弼的白水冈之战，五代朱温割据时杨行密的清口之战，令我们读起来便觉得扬州地方真是举足可以为轻重于天下，扬州人之武勇真个如荼如火。末后一段，叙扬州人在扬州以外所做的事，历举十几位，各种人物都有，又把我们眼光引到别方面去，觉得扬州真是人才渊薮了。这篇文章，字字句句都洗练，笔笔都跳荡，固然是它特别令人可爱的原因，然而最主要者实在它的章法。本来只有许多平面的材料，他会把它分类，造出层次，从这个观察点移到那个观察点，每移一度，令人增加一重趣味。这可以说是故意造作出来的移进法。我们懂得这种法门，无论遇着什么题目都可以应用了。

（节选自《饮水室合集・专集》，中华书局1936年版）

不应该那么写

鲁迅

凡是有志于创作的青年,第一个想到的问题,大概总是"应该怎样写?"现在市场上陈列着的"小说作法""小说法程"之类,就是专掏这类青年的腰包的。然而,好像没有效,从"小说作法"学出来的作者,我们至今还没有听到过。有些青年是设法去问已经出名的作者,那些答案,还很少见有什么发表,但结果是不难推想而知的:不得要领。这也难怪,因为创作是并没有什么秘诀,能够交头接耳,一句话就传授给别一个的,倘不然,只要有这秘诀,就真可以登广告,收学费,开一个三天包成文豪学校了。以中国之大,或者也许会有罢，但是，这其实是骗子。

在不难推想而知的种种答案中，大概总该有一个是"多看大作家的作品"。这恐怕也很不能满文学青年的意，因为太宽泛，茫无边际——然而倒是切实的。凡是已有定评的大作家，他的作品，全部就说明着"应该怎样写"。只是读者很不容易看出，也就不能领悟。因为在学习者一方面，是必须知道了"不应该那么写"，这才会明白原来"应该这么写"的。

这"不应该那么写"，如何知道呢？魏列萨耶夫的《果戈理研究》第六章里，答复着这问题——

> 应该这么写，必须从大作家们的完成了的作品去领会。那么，不应该那么写这一面，恐怕最好是从那同一作品的未定稿本去学习了。在这里，简直好像艺术家在对我们用实物教授。恰如他指着每一行，直接对我们这样说——"你看——哪，这是应该删去的。这要缩短，这要改作，因为不自然了。在这里，还得加些渲染，使形象更加显豁些。"

这确是极有益处的学习法，而我们中国却偏偏缺少这样的教材。近几年来,石印的手稿是有一些了,但大抵是学者的著述或日记。也许是因为向来崇尚"一挥而就""文不加点"的缘故罢,又大抵是全本干干净净,看不出苦心删改的痕迹来。取材于外国呢,则即使精通文字,也无法搜罗名作的初版以至改定版的各种本子的。

读书人家的子弟熟悉笔墨,木匠的孩子会玩斧凿,兵家儿早识刀枪,没有这样的环境和遗产,是中国的文学青年的先天的不幸。

在没奈何中,想了一个补救法:新闻上的记事,拙劣的小说,那事件,是也有可以写成一部文艺作品的,不过那记事,那小说,却并非文艺——这就是"不应该这样写"的标本。只是和"应该那样写",却无从比较了。

(原载于1935年6月《文学》月刊第四卷第六号)

写作杂谈·文脉

朱自清

多年批改学生作文，觉得他们的最大的毛病是思路不清。思路不清就是层次不清，也就是无条理。这似乎是初学作文的人不能免的毛病，无论今昔，无论文言和白话——不过作文言更容易如此罢了。这毛病在叙述文（包括描写文）和抒情文里比较不显著，在说明文和议论文里就容易看出。实际生活中说明文和议论文比叙述文和抒情文用得多，高中与大一的学生应该多练习这两体文字；一面也可以训练他们的思想。本篇便着眼在这两体上；文言文的问题比较复杂，现在且只就白话文立论。因为注重"思路"怎样表现在文字里，所以别称它为"文脉"——表现在语言里的，称为"语脉"。

现在许多青年大概有一个误解，认为白话文是跟说话差不多一致的。他们以为照着心里说的话写下来就是白话文，而心里说的话等于独自言语。但这种"独自言语"跟平常说话不同。不但不出声音，并且因为没有听者，没有种种自觉的和不自觉的制限，容易跑野马。在平常谈话或演说的时候，还免不了跑野马；独自思想时自然更会如此。再说思想也不一定全用语言，有时只用一些影像就过去了。因此作文便跟说话不能一致，思路不清正由于这些情形。说话也有没条理的，那也是思想训练不足，随心所向，不加控制的缘故。但说话的条理比作文的条理究竟容易训练些，而训练的机会也多些。这就是说从自然的思路变成文脉，比变成语脉要难。总之，从思想到语言和从思想到文字，都需要一番努力，语言文字清楚的程度，便看努力的大小而定；若完全随心所向，必至于说的话人家听不懂，作的文人家看不懂。

照着心里说的话写下来，有时自己读着，教别人听，倒也还通顺似的；可是教别人看，就看出思路不清来了。这种情形似乎奇特,但我实地试验过,确有这种事。我并且想,许多的文脉不调正是因为这个缘故。现在的青年练习说话——特别是演说——的机会很多,应该有相当的控制语言的能力,就是说语脉不调的应该比较前一代的青年少。他们练习作文的机会其实也比较前一代多,但如上文所论,控制文字确是难些。而因为作的是白话文,他们却容易将语脉混进文脉里,减少自己的困难,增加自己的满足,他们是将作文当做了说话的记录。但说话时至少有声调的帮助,有时候承转或联贯全靠声调;白话文也有声调,可是另一种,不及口语声调的活泼有弹性,承转或联贯处,便得另起炉灶。将作文当说话的记录,是想象口语声调的存在,因此就不肯多费气力在承转或联贯上,但那口语的声调其实是不存在的。这种作文由作者自己读,他会按照口语的声调加以调整,所以听起来也还通顺似的。可是教别人看时,只照白话文的声调默读着,只按着文脉,毛病便出来了。那种自己读时的调整,是不自觉的,是让语脉蒙蔽了自己,这蒙蔽自己是不容易发现的,因此作文就难改进了。

思想,谈话,演说,作文,这四步一步比一步难,一步比一步需要更多的条理；思想可以独自随心所向，谈话和演说就得顾到少数与多数的听者，作文更得顾到不见面的读者，所以越来越需要条理。语脉和文脉不同，所以有些人长于说话而不长于作文，有些人恰相反；但也有相关联的情形。说话可以训练语脉；这样获得的语脉，特别是从演说练习里获得的，有时也可以帮助文脉的进展。所以要改进作文，可以从练习演说下手。但是语脉有时会混入文脉，像上一段说的。在这种情形下，要改进作文，最好先读给人听，再请他看，请他改，并指出听时和看时觉得不同的地方，但是这件事得有负责的而且细心的教师才成。其实一般只要能够细看教师的批改也就很好。不过在这两种情形下，改本都得再三朗读，才会真得到益处。现在的学生肯细看教师的批改的已经很少，朗读改本的大概没有一个。这固然因为懒，也因为从来没有受到正确的朗读训练的缘故。现在白话文的朗读训练只在小学里有，那其实不是朗读，只是吟诵；吟诵重音节，便于背，却将文义忽略，不能训练文脉。要训练文脉，得用宣读文件的声调。我想若从小学时代起就训练这种正确的朗读，语脉混入文脉的情形将可减少，学生的作文也将容易进步。

再次是在作文时先写出详细的纲目。这不是从声调上下手，而是从意义上、从意念的排列上下手。这是诉诸逻辑。纲目最好请教师看看。意念安排得有秩序，作起文来应该容易通顺些。不过这方法似乎不及前两者直截而自然。还有，作文时限制字数，或先作一段一段的，且慢作整篇的，这样可以有工夫细心修改；但得教师个别的指正，学生才知道修改的路子。这样修改的结果，文脉也可以清楚些。除了这些方法之外，更要紧的是多看、多朗读、多习作（三项都该多在说明和议论两体上下功夫）。这原是老生常谈，但这里要指出，前两项更重要些；只多作而不多看多读，文脉还是不容易获得的。

（选自《国文教学》，开明书店1945年版）

论教本与写作

朱自清

叶圣陶先生在《国文教学的两种基本观念》里说：

> 其实国文所包的范围很宽广，文学只是其中一个较小的范围，文学之外，同样包在国文的大范围里头的还有非文学的文字，就是普通文。这包括书信、宣言、报告书、说明书等等应用文，以及平正地写状一件东西载录一件事情的记叙文，条畅地阐明一个原理发挥一个意见的论说文。中学生要应付生活，阅读与写作的训练就不能不在文学之外，同时以这种普通文为对象。

这是对于现阶段的国文教学的最切要的意见，值得大家详细讨论。本篇想就叶先生的话加以引申，特别着重在写作的训练上。

……

训练学生写作而不给他们指示一个切近的目标，他们往往不知道是写了给谁读的。当然，他们知道写了是要给教师读的；实际也许只有教师读，或再加上一些同学和自己的父兄。但如果每回写作真都是为了这几个人，那么写作确是没有多大趣味。学生中大约不少真会这样想，于是乎不免敷衍校章、潦草塞责的弊病，可是学生写作的实际的读者虽然常只是这几个人，假想的读者却可以很多。写作练习大部分是拿假想的读者作对象，并非拿实际的读者作对象。只有在"暑假回家写给教师的信""给父亲的信""给张同学的信"一类题目里，这些实际的读者同时成为假想的读者。假想的读者除了父兄、教师、亲近的同学或朋友外，还有全体同学、全体中学生、一般青年人、本地人士、各社团、政府、政府领袖、一般社会，以及其他没数到的。

写作练习是为了应用，其实就是为了应用于这种种假想的读者。写作练习可以没有教师，可不能没有假想的读者。一向的写作练习都有假想的读者。清末民初的家庭教子弟写作古文,假想的读者是一般的社会和考试官。中学生练习写作,假想的读者通常是全体同学或一般社会。如《星期日远足记》之类,便大概是假定给全体同学读的。可是一般的师生都忽略了假想的读者这个意念。学生写作,不意识到假想的读者,往往不去辨别各种体裁,只马马虎虎写下去。等到实际应用,自然便不合式。拿创作做写作目标,假想的读者是一般社会。但是只知道一种假想的读者而不知道此外的种种,还是不能有辨别力。上文引的叶先生所说的学生的信便是一例。不过知道有假想的读者的存在总比马马虎虎不知到底写给谁读的好些。

我觉得现在中学生的写作训练该拿报纸上和一般杂志上的文字作切近的目标,特别是报纸上的文字。报纸上的文字不但指报纸本身的新闻和评论,并包括报纸上登载的一切文件——连广告在内——而言。这有三种好处。第一,切用,而且有发展;第二,应用的文字差不多各体都有;第三,容易意识到各种文字的各种读者。而且文言文和白话文的写作都可以用这个目标——近些年报纸上种种特写和评论用白话文的已经不少。因为报纸上登载着各方面的文件，对象或宽或窄，各有不同，口气和体裁也不一样，学生常常比较着看，便容易见出读者和文字的关系是很大的，他们写作时也便渐渐会留心他们的假想的读者；报纸上和杂志上却少私人书信一体，这可以补充在教材里。报纸上和杂志上的文字的切用，是无须说明的。至于有发展，是就新闻事业看。新闻事业的发展是不可限量的。从事于新闻或评论的写作，或起草应用的文件登在报纸或杂志上，也是一种骄傲，值得夸耀并不在创作以下。现在已经有少数的例子，长江先生是最知名的。这不能单靠文字，但文字是基本的工具。这种目标可以替代创作的目标，它一样可以鼓起学生的兴趣，教他们觉得写作是有所为的而努力做去。

也许有人觉得"取法乎上，仅得乎中"，报纸和一般杂志上的文字往往粗率浮夸，拿来作目标，恐怕中学生写作会有"每下愈况"之势。这未免是过虑。报纸和杂志上的文字，粗率浮夸固然是不免的，但文学作品里也未必没有这种地方。且举英文为例，浮勒尔（Fowler）兄弟合著的《英文正宗》（*The King's English*）里便举出了许多名家的粗率浮夸的句子。这是一。报纸杂志上也有谨慎亲切的文字,这是二。近些年报纸进步,有一些已经注意它们的文字,这是三。学生"取法乎上",尽可以多读那些公认的好报纸杂志。在这些报纸杂志里,他们由于阅读的经验,也会辨别哪些文字是粗率浮夸的,哪些不是的。

况且报纸杂志只是课外读物。我只说拿报纸杂志上的文字作目标,并没有说用它们为教材;教材固然也可以从报纸和一般杂志上选一些,可是主要的并不从它们选出。文言教材,上文已详论。我所推荐的梁蔡两位先生的书原来倒差不多都是杂志上的文字。不过他们写作的训练有深厚的基础,即使有毛病,也很少。白话文教材,下节还要申论。我不主张多选报纸和一般杂志上的文字作教材,主要的原因是文字大部分有时间性,时过境迁便无意味。再有,教材不单是写作的榜样或范本,还得教学生了解本国固有文化和养成欣赏文学的兴趣,报纸和一般杂志上的文字差不多都是有时间性的,自然不能有这两种效用。但是这些文字用来做学生写作的目标,却是亲切有效的。学生大概都读报纸杂志。让他们明白这些里面的文字便是他们写作的目标,他们会高兴地一面运用教材所给予他们的训练，一面参照自己阅读报纸杂志的经验，努力学习。这些学生将来还能加速报纸和杂志上的文字的进步。

报纸杂志上说明文和议论文很多，也可以多少矫正现阶段国文教学偏枯的毛病。课程标准里定的说明文和议论文的数量不算太少，但适当的教材不容易得着。文言的往往太肤廓，或太琐碎。白话文更难，既少，又深而长；教材里所选的白话说明文和议论文多半是凑数的。学生因为只注意创作，从教材里读到的说明文和议论文又很少合他们的脾胃或程度的，也就不愿意练习这两体的写作。有些学生到了大学一年级，白话记叙文可以写通，这两体却还凌乱庞杂，不成样子；文言文也是记叙体可看些。若指出报纸和一般杂志上的文字是他们写作的目标，他们也许多注意报纸杂志上说明文和议论文而渐渐引起兴趣。那些文字都用现在生活作题材，学生总该觉得熟悉些、亲切些；即使不能完全了解，总不至于摸不着头脑。一面在写作练习里就他们所最熟悉的生活当中选出些说明文和议论文的题目，让他们能够有话说，能够发挥自己的意见，形成自己的判断，不至于苦掉笔头。

中学生并不是没有说明和议论的能力，只看他们演说便可知道。中学生能演说的似乎不少，可是能写作说明文和议论文的确很少。演说的题目虽大，听者却常是未受教育或少受教育的民众，至多是同等的中学生，说起来自然容易些。写作说明文或议论文，不知不觉间总拿一般社会做假定的读者，这自然不是中学生的力量所能及。所以要教学生练习这两体的写作，只能给他们一些熟悉的小题目，指明中学生是假想的读者，或者给一些时事题目，让他们拟演说辞或壁报文字，假想的读者是一般民众，至多是同等的中学生。这才可以引他们入胜。说起壁报，那倒是鼓励学生写作的一个好法子。因为只指出假想的读者的存在，而实际的读者老是那几个人，好像支票不能兑现，也还是不大成。总得多来些实际的读者才好。从前我教中学国文，有时选些学生的文课张贴在教室墙壁上，似乎很能引起全班的注意，他们都去读一下，壁报的办法自然更有效力，门类多，回数多。写作者有了较广大的实际的读者群，阅读者也可以时常观摩。一面又可以使一般学生对于拿报纸上和一般杂志上文字做写作的目标有更亲切的印象。这是一个值得采取的写作设计。

不过，教材里的白话说明文和议论文，也得补救一下。这就牵涉到白话文的发展。白话讽刺文和日常琐论——小品文的一型——都已有相当的发展，这些原也是议论文和说明文的支派，但是不适于正式应用。青年人学习这些体的倒不少，聪明的还透露一些机智，平常的不免委琐叫嚣。这些体也未尝不可学，但只知有这些，就太偏太窄了。适于应用的还是正式的论。我们读英文，读本里常见培根《论读者》，牛曼《君子人》等短论。这些或说明，或议论，虽短，却也是正式的论文。这一体白话文里似乎还少，值得发展起来。这种短论最宜于作教材。我们现在不妨暂时借材异国，将这种短论译出些来用。马尔腾的《励志哲学》也是这一类，可惜译笔生硬，不能作范本。查斯特罗的《日常心理漫谈》译本（生活版），性质虽然略异，但文字经济、清楚，又有趣味，高中可以选用。《爱的教育》译本（开明版）里有些短篇说明和议论，也可节取。此外，长篇的创作译作以及别的书里，只要有可节取的适宜的材料，都不妨节取。不过这得费一番搜索的功夫。冯友兰先生的《新世训》（开明版）指示生活的方法，可以作一般人的南针；他分析词义的精密，建立理论的谨严,论坛中极少见。他的文字虽不是纯粹白话文,但不失为上选的说明文和议论文。高中学生一面该将这部书作为课外读物,一面也该节取些收在教材里。

其实别的教材也该参用节取的办法,去求得适当的入选文字。即如小说,现在似乎只是旧小说才节取。新的便只选整个的短篇小说,而且还只能选那些篇幅短的。篇幅长的和长篇小说里可取的部分只得割爱。入选的那些篇幅虽短,却也未必尽合式;往往只是为了篇幅短将就着用。整篇的文字当然是主要的,但节取的文字尽可以比现在的教材里多参用些。节取的范围宽,得多费功夫;还得费心思,使节取的部分自成一个相当完整的结构。文学作品里节取出来的不一定还是文学,也许只是应用的文字。但现在缺乏的正是应用的白话文,能多节取些倒是很合用的。

至于白话的私人书信,确是很少。现行的几部当代人的书简集,还是文言的多。用白话文写信,大约要从现在的青年人起手,将来倒是一定会普遍的。教材里似乎也只能暂时借用译文。译文有两种:一是译古为今,一是译外为中。书信是最亲切的文体,单是译外为中恐怕不足，所以加译古为今一项。当然要选那些可能译的译，而且得好译手。例如苏轼《黄州与秦太虚书》一类，就可以一试。曾国藩家书，似乎也可选择一些。这些书信都近于白话，译起来自然些。这种翻译为的是建立白话书信的体裁，并不是因为原文难懂，选那些近于白话的，倒许可以见功些。英文《蔡公家书》，有文言译本，题为《蔡公家训》（商务本）；译文明白，但不亲切自然。这部家书值得用白话重译一回；白话译也许可以贴切些。若是译笔好，那里面可选的教材很多。——朱光潜先生有《给青年的十二封信》（开明版），讨论种种问题，是一部很适于青年的书。其中文字选入教本的已经不少。这部书兼有书信和说明文议论文的成分，跟《蔡公家书》是同类的。

（节选自《国文教学》，开明书店1945年版）

文学修养

老舍

我每月都接到几封青年们的来信，问我什么叫作文学修养。

有的来信中，偏重写作的技巧，仿佛认为写作技巧就是文学修养。

首先就须指出：文学修养包括着写作技巧，写作技巧可不是文学修养全部。不要以为学会一些技巧便会创作了。老年间的秀才、举人，都在写作技巧上受过严格的训练，因为科场里的诗文程式必须严格注意，试卷上写错一字一笔就必落选。可是，大多数的秀才与举人并不懂什么叫文学，也没创作出什么有价值的作品来。可见，专凭技巧不能算有文学修养。

诗文有了一定的格式和一定的技巧，就必然限制了创作自由；一来二去，文学就衰落下去，而文人们成为诗匠、文匠，多数的秀才与举人老爷们即是。

写作技巧至少包括三方面：语言的运用、描写的能力和作品的结构。

这三者都不可孤立地看成只是技巧问题。语言与生活分不开。生活丰富，语言才会丰富。脱离生活，即只能写出干巴巴的八股滥调或学生腔，不能独具风格，创造语言。描写能力也如此，没有生活即无可描写。没见过工人的，没法子描写工人；没见过高山大川的，也无从描写高山大川。想象，甚至于幻想，须有客观的真实作基础。没有飞鸟，人便想不起飞机。描写人物与事物不是记流水账，而是使读者更深刻地认识人与事，感到亲切，受到感动。这样，作者必须有丰富的生活，观察得既广且深。不去生活，不多接触人与事，而只向别人讨教怎么描写，就好像自己不肯入水，而要学会游泳。至于作品的结构，的确是因形式的不同而有所不同，如电影剧本与话剧本不同，话剧又与小说不同，应当学习。可是，主要的东西还是内容。没有内容，虽有结构也无济于事。八股文章最讲究结构，而没有什么内容，所以空洞无物，没有艺术价值。结构不过是为帮助把内容安排得严整完美，表现得富于故事性与艺术性。我们不能离开内容去考虑结构。有的作品，结构虽欠严谨，而内容极为丰富，便仍不失为好作品或伟大作品。有的作品，专讲结构，而内容贫乏，虽很见功夫，但难以伟大。内容更重要，虽然结构也须注意。话又说回来，生活丰富才能使作品内容丰富。"秀才不出门"，所以只会作空洞的八股。

这样看来，写作技巧原来也离不开生活。

不错，我们的确能够从学习古典文学与当代名著，得到一些技巧上的窍门。可是这些窍门并不能给我们解决一切问题。我们是要"创"作。既要"创"作就不能照猫画虎，只求跟范本差不多。大家若都用同样的技巧去写作，便无创作可言了。

文学修养包括着写作技巧，而写作技巧又离不开生活，所以生活是文学修养的重要部分。离开生活，专谈技巧，文学创作便会僵化，写不出活生生的语言，描绘不出新人新事，也不敢别出心裁，以结构配合内容，有所创造。

有修养的作家必是生活丰富的作家。

所谓生活丰富是不是指眼界宽，看的多呢？是的，看的多有好处。不过，只看别人，做一辈子"视察员"，还不能解决问题。作家得有自己的生活。看别人怎么生活，能够丰富我们对人的了解。可是，只有自己也去生活，对人的了解才会深刻。因此，我们第一须和人民生活在一起，第二要在生活中表现得好，即使写不出好作品，仍不失为好人。文学修养包括怎么做人。这就是说，我们得先做个社会主义的人，而后才能做个社会主义的作家。

有的古人，人品不好，而写出了不坏的作品来。是的，确有此事。可是，要知道，历史并没有饶恕他们。历史上记载下来他们的坏事，遗臭万年。他们的作品并未能抵消他们的罪名。还要知道，并不是因为人品坏，他们才写出好作品来。恐怕倒是有了作品，名利双收之后，他们才腐化了的。再说，我们是生活在社会主义社会里，若没有社会主义的道德品质，我们就好坏不分，香臭不辨，不知英雄之所以为英雄与坏蛋之所以为坏蛋，我们怎能创造出社会主义的人物来呢？

文学修养必须包括思想。要不然便解决不了为什么创作这个问题。前面提到过的秀才举人们，大半是为了升官发财，才下苦功夫学习写作。个人名利就是他们的中心思想。这样的人一旦真做了官，很难不是贪官污吏。

谁都知道，我们今天正在建设社会主义。那么，作家而没有社会主义的思想，还是为个人名利而进行创作，怎能对头呢？我们必须首先看明白，我们的创作是为建设社会主义服务，并不是为自己求得名利。社会主义建设是我们的创作泉源，鼓舞人民建设社会主义的热情是我们创作的首要的作用。

这样看来，生活经验、社会主义思想与道德品质、写作技巧，和文学知识都凑在一处，才能算是文学修养。

有这样的修养，才会有劳动热情，因为热爱劳动是社会主义道德品质的一种表现。它表现在日常生活中，也表现在进行创作的时候。

社会主义国家里的每一个公民都要有修养。生活、思想，与道德品质是共同的。知识与技术则随人而异。一个会种菜的农民须有种菜的知识与技巧，正如一个作家须有文学知识与写作技巧。这些知识与技巧都是宝贵的，作家不应重视自己的那一份，轻视菜农的那一份。没有人种菜，作家就没有青菜吃，这与农民缺乏读物的问题同样严重。作家不该狂傲。

所有的公民都须有思想上的与道德品质上的修养，这才能把每个人的知识与技术都用在社会主义的建设上。谁专靠知识与技术，而不管思想上的与道德品质上的修养，谁就过不了社会主义的关，作家也非例外。

总起来说：专凭技巧不能写出作品来。

作家必须有生活。所谓生活，不是闭户读书，埋首写作，永远不关心国事、天下事，而是和人民生活在一起，跟人民在一起劳动。这样积累起来生活经验，再加上文学知识与写作技巧，就能写了，会写了。

为什么写作呢？写什么呢？为谁写呢？这都决定于社会主义的思想与道德品质。思想上与道德品质上若有问题，一个有些文学知识与写作技巧的作家可能堕落为右派分子，不但不能帮助社会主义的建设，反而对社会主义建设进行破坏，自绝于人民。这很可怕。

因此我们就要说，文学修养是全面的、复杂的，我们切勿以为得到一些写作窍门便能成为作家。文学修养当然也不是一天半天就能得到的,青年们切勿着急。人都是由年轻慢慢活到中年与老年的,不管怎么着急,我们也不能忽然由二十岁跳到四十岁去。文学修养也是慢慢积累起来的,不经一事,不长一智啊。一着急,就必去找捷径,捷径会使人走迷了路。看吧:有的初中学生放下别的功课,一天到晚抱着两本小说,想成为小说家。这很不对。一个小说家要有极丰富的知识,好,您连该学的地理、历史、算术等等的基本知识都扔在一旁,怎能成为小说家呢?再说,一个小说家必须有丰富的人生经验,那么,一个初中学生的人生经验就还很少,不够写成一部小说的。即使这部小说里只写学校中的人与事,也未见得就能出色,因为生活经验很少是完全孤立,与别的人别的事没有关系的。今天的学校生活必与今天的社会主义建设有千丝万缕的关系,我们若只知其一,不知其二,就不能正确地认识学校生活的意义。我们可以用学校里的事情为题,练习写作,但不该把这种习作就叫作创作。一个十四岁的学生在不耽误功课的条件下练习写作是可以的,但是要知道,到四十岁才开始创作也并不算太晚;世界上有不少优秀的作家是到了中年才开始进行创作的。

在咱们的社会里，有文学修养的都不难成为作家，因为咱们比资本主义国家里有更好的创作环境与条件。可是，咱们必须先要求自己储备文学修养，从思想上、道德品质上、生活上、文学知识上、写作技巧上，以及劳动习惯上各方面装备自己，而不该主观地在一切还都空空如也的时候就决定去做作家。这样主观地下决心很容易放弃一切，轻视一切，而废寝忘食地去找写作窍门，去写稿子。这样死干，既有损于健康，也得不到文学的全面修养。既无全面修养，就认不清创作的崇高目的，而只求发表作品，名利双收。于是，幸而发表了作品，便以天才自诩，更无须注意什么思想与道德品质等等重要问题了。这样的"成功"，十之八九会毁坏了自己，有右派青年作家为证。若是作品发表不了呢，便会满腹牢骚，怨天尤人，甚至连社会主义也要反对。因此，我看哪，较比合理的办法是先给自己储备下全面的基本文学修养，再去做作家，做了作家之后，再力求全面进步，成为更好的作家。这样的人即使始终做不成作家，仍不失为社会主义社会里有用的人。反之，在生活与思想等等方面毫无准备，或只准备下一点文字技巧，便非做作家不可，是会有危险的。

文学修养，再说一遍，不专指写作技巧而言。文学修养不是一天半天就能得到的，不要着急。记住：功到自然成，欲速则不达！

（原载于1957年12月8日《文艺学习》第十二期）

储蓄思想

老舍

我真不愿把文艺说成什么神秘的东西,可是赶到人家问我怎样写作,我又往往不能痛痛快快的,像二加二等于四那样的,给人家几句简单而有用的话。这使我非常的苦痛。你看,我的确是写过了不少东西,可是我没有胆量声明我的成绩有什么了不起之处。我只能说我是在不断地学习。那么,你向一个文艺学徒问长问短,也就难怪我说不出所以然来了。

对,我只好告诉你,你须先学习吧。假若你肯用心学习,我想你不久就能赶过我去。文艺并不是几个天才者的专利品,谁肯学习谁就能生产一些"文货"。

怎样学习呢？这，又是个不好回答的问题。戏法人人会变，各有巧妙不同。有许多不同的路子都可以走到"文艺之家"的门前。现在，我只能就个人的经历作个简单的报告，供作参考而已。

要学习文艺，切勿专在文艺作品上打转儿。你要先有一些思想。真的，文艺作品不专仗着思想支持着，正像一个美人不能专仗脸子好而可以不要骨头不要肉那样。可是，文艺的最大的使命是发扬真理，怎可不先由思想入手呢？想想看，一个没有思想的人，也就不辨是非，不关心人类的生活合理不合理，那么，他怎能有正义感，怎能选择什么值得说，什么是废话呢？因此，你要储蓄思想。用思想作你的眼睛，去看，去分析，去判断，而后你才能找到你以为值得说的话。假若你以为某几句话值得说，非说不可，你必会把你的感情激动起来，设法用最足以动人的形式而把它说出来。思想是花朵，感情是色与香。自然，一个富于感情的人，未必有高深的思想；一个有思想的人，又未必有深厚的感情。可是，预备做一个文艺家，你就非由思想上发泄你的感情不可，因为你若糊里糊涂，专凭感情的奔放去写作，你所给人家的也许只是一些伤感或成见；你可以成为一个风流才子，专用感情写出"红是相思绿是愁"，和"不住温柔住何乡"那样的聪明的句子，可是与人生大道理有什么关系呢？你是当代的人，你应当先关切当代人类的苦难与幸福。只有感情而没有思想，你便只会关心你自己，把你的一点小小的折磨与苦痛说到天那么大，而与旁人无关。风流才子，你要知道，是摩登世界人类的渣滓呀！

不过，你可也要记住，储蓄思想便是储蓄炸药，它也会炸死你自己，为安全计，你顶好躲它远些。思想与苦痛永远紧紧相随，因为一般的人不喜欢用他们的脑子，所以看别人一用脑子便吓一跳，而想把那个怪物用砖头打杀。你要准备吃砖头。

是的，文艺不专仗思想支持着，可是你若专从文字或感情上入手，你便很自然的只会制造些小玩意儿，花呀儿呀的哭哭啼啼，而不敢正眼看社会与世界；尽管文字与感情也是文艺中的重要构成分子。

再说，储蓄了思想，虽不能成功一个文艺者，你还不失为一个有头脑的人。若只耍耍弄弄文字，发泄发泄小小的牢骚，则不但不能成为伟大的文艺家，或者还把你自己毁掉——风流才子不往往是废物么？

有了思想,你该再注意世态。思想是抽象的、空洞的;世态是具体的、实在的。用你的思想去分析世态,而后你才会从混乱浮动的人生中找到了脉络,才会找到病源。这样,你才能明白思想并不是死东西,而是在人们的心理与世态中隐藏着的。你须在若隐若现之中把它找出来,正像医生由病人的脸上发烧而窥见了肺部的隐病。你须描写世态,而描写世态,正可以传播思想。所谓具体的描写并非是照像,而是以态寄意。

有了思想,你才会知道文字不仅是字与字的联缀,而是逻辑的推断。糊涂的句子是糊涂人的声音。你一点也不要忽略了文字的重要,但是你更不应忽略了文字的根源——思想。你一点也不要忽略了感情的重要,但是你须先辨明哪是值得说的,哪是不值得说的,若给不值得一说的加上华美的外饰与感情,你便是骗人,便是变戏法,而不是制作文艺。

关于思想的重要已说了不少,就此打住,等有工夫再说别的吧。

(原载于1945年1月20日《文艺先锋》第六卷第一期)

不怕，不慌

老舍

先说"不怕"。有的人学习写稿子，拿起笔来就害了怕。他以为写稿子一向是文人的事，所以写起来必须多转文，多耍笔调；要是光写大白话，一定教人家看不起。于是，他就皱起眉来，本来要写"今天天气很好"，却怕不够味儿；想来想去，写成了"满心兴奋的我，觉得今天天气是伟大无比的"；反倒不像话了。

沉住了气，不要怕，写大白话就好。大白话是咱们嘴里的活语言呵！学习别人的作品是有好处的，但不要专从别人的文章里去搜集漂亮的字眼，硬来装饰自己的文字。那样，一不留神，反倒弄得词不达意了。我们都会说话,就让我们说自己的话吧。说得明白正确,比乱用一些修词好得多;说得简单有力,比说得啰苏累赘好得多。简单明确的文字是好文字,乱用修词的文字不是好文字。不要怕自己掌握的词汇少,写出来的字句不文雅,就放下笔不写。我们要自信能用自己的话,明白清楚地写出文章来。真话、明白话,比什么都好。不必要的形容,不但不能教文字美丽,反倒破坏了文字的简单朴实。我们说,"我们热爱伟大的祖国",因为我们的确热爱祖国,我们的祖国也的确是伟大。假若我们说,"我们热爱伟大的苹果",就不大对头了。乱用字是个毛病。我们的窍门是要凭我们自己的言语,写出干干净净的好文章来。

现在说"不慌"。写下来的大白话跟嘴里的大白话不能完全一样。我们说话的时候,可以随时地补充、改正、重复,所以虽然说得不完全联贯、顺当、干脆,可是也能对付着把事情说明白了。写文章可没有这样的便利。写下来的话必须顺当、干脆、贯通一气。因此,我们写稿子千万不要慌。我们必须要先好好地想一想。想一想要写什么和怎样写。比如说,我们要写一篇东西,报道在"五反"运动之后，工人们怎样积极地搞生产。我们就不必多写"五反"运动里的经过情形；那些情形已是人所共知的，不必再说一遍；我们主要地是报告今天怎么搞生产。这样，我们就可以三言两语地介绍一下，像"五反运动结束了，我们的厂里有了新气象"，即可转入正文，不拖泥带水。

这样决定好，我们还要想是借着一个积极分子的模范事迹说明搞生产的热情呢？还是把全厂所有的新气象全说出来呢？我们必须先有个决定。有了决定，才能布置这篇报道的全局。要不然，就会东一句西一句地随便扯，不能成为好文章。尽管我们要只写二三千字，也须先写出个提纲，安排好头一段说什么，第二段说什么……有了提纲，心里有了底，写起来就能顺理成章；先麻烦点，后来可省事。

按照提纲要写第一段了，还是别慌。先要想想这一段都说什么，把要说的都在心中盘算过，然后再动笔。练习写稿子最容易犯的毛病，就是有了上句，没有下句。那是因为想一句就写一句，不晓得盘算全段儿。想起一句说一句不是好办法，那很容易写得前言不搭后语，勉强凑成一篇也会是糊涂文章。

盘算好了一段，就按着我们自己的语言写下来。

我们首要的任务是把这一段话写得清楚明白,既不东一句西一句那么随便扯,又不绕着弯子去找我们自己不完全了解的字眼。呵,我们要是能用自己的话写出一段清顺的文字来,那真够快活的!

(原载于1954年9月26日《学文化》第十八期)

青年文学者的座右铭

陈颉录

一、不要写现实中偶然的东西,应仔细地表达真实,愈能从典型环境中精确地表达典型特征愈好。

二、要非常地熟悉你所欲描写的东西,不可求知于"天花板",不可选材于"指头",不要写传闻,不要写你不知道和未研究的东西。

三、不要议论,不要推理,也不要故事式地叙述,而要更形象地更艺术地表现。

四、不要讲废话,应力求简练、清楚、明确、质朴,词句要紧密,思想要广阔。

五、写作之前,应仔细地思索,悟解所要写的东西,不可在仓促中提笔。

六、尽可能地储蓄你的语汇,尽可能

地加深你的修养，不要自命不凡，不要以为文学是轻巧的事业。

七、你要把书籍当作你的导师、你的良友，好的书籍你至少得读两次。你要从它们中找到好处。

八、作诗，要用很大的、细密的功夫。每个字，都要权衡轻重，不能模糊。

九、写故事，如欲使其生动，当中必须要有环境、人物、肖像和对话的叙述，以及动作的描写等等，不可用死板的、干燥的、含混的言语去写，也不可用雕琢的、伪美丽的、巧辩的、距谈话用语很远的词句去写。应当用明了的言语，用生动的言语。

十、写小品文，注意的中心应在大众及它的相互关系、劳动、生活等等。小品文的主人公，不是自然界，不是材料，也不是生产，不是机器，而是人。

十一、写戏剧切忌枯燥，愈有趣，表情愈多，演技愈多，愈好。剧中的人物不可没有个性，在戏曲中万不可有一个多余的、无动作、无特性的人物。

十二、认真地写作，认真地修养，多多地接近大众的生活，青年作家的成功秘诀，就在这里。

（选自《读书与写作》，读书生活出版社1939年版）

略谈题材

胡依凡

几个文人经常地碰在一堆儿，你就可以听到下面的几句对话。

甲："你近来写文章吗？某某刊物你不是写了一篇文章？"

乙："那个太糟了！近来真是一个字也写不出。"

丙："写东西实在不容易啰。"

丁："可不是，我写一篇东西就写了一个礼拜还没有写好。"

在这寥寥的几句对话里，使人感触到的是什么呢？与其说是他们的写作态度十分严肃，不如说是他们能够拿来写作的题材过分贫乏了吧。

题材为什么会贫乏呢？第一，便是实生活的体验太少了；第二，便是不会把握题材；第三或者是跟写作家的认识与勇气有莫大的关系了。

所谓题材就是客观现实的反映，没有实际生活的体验，固然是写不出什么东西来；但不能抓住一切真实的事象的规律性和必然性，就是能够写作，也决然不会写作出正确的现实；如果写作家缺乏认识与勇气，不用说是一定会弄到无一可写以至不能写了。

客观的现实的题材是多方面的。写妓娼卖淫是题材；写强盗犯罪，写男女恋爱、军阀战争、工人挨饿等等也都是题材，所以题材是无限止地展开在社会的各方面。无论写作家是隐身在哪一个社会里去观察选择、搜集和整理，他能凭着自己的科学的观点，把握住某一事件的中心，题材是同样无限止地摊在写作家的跟前的。当前写作家之所以贫乏无力——会感到简直一字写不出；会弄到这样那样写不好；甚至真要搁笔，害怕——如有些知名作家简直是自己情愿把眼睛蒙起来，这过失都不是单独限于某方面的。

由于写作家自己的观点的模糊或不定，由实际生活中即使能攫取得许多浮泛的题材而写作，但这题材的现实性也决然不能得到正当的解答：不是歪曲，便成了武断。关于这，观于文坛上各种流派在文学分野上所表现出的各种各色的姿态就够了然了。

同一的题材，在观点不同的写作家笔下，可以表现出各种各色的姿态。这是必然的结果。同一的题材，在同样的观点的写作家笔下，同样也写不出一致的见解。如：有的便只是暴露了题材本身的黑暗面，仅仅提出了问题，没有指示出怎样解决问题；有的便陷于公式主义，空洞地指出了题材的片段光明面；有的却能够完满地展开了题材的进步性，不仅提出了问题，且提示了怎样处理问题；有的索性写下了发生相反的、矛盾的结果。这些和那些，都是跟着每一个写作家本身的主观上的认识、修养和体验的能力的差异，使题材的展开得出不同的效果。

通常所接触到的一般比较可读的文学作品，所以会使人发生平庸、重复、厌倦或者是不快的感触，一半固是由于一般时下写作者的偷懒和取巧，一半就由于他们所能拿来表现的题材太不够了，而且是不会运用题材，糟蹋题材。换句话，便是写作家本身没有充实的、正当的认识，且对于各社会层——

客观的现实也理解得太不够了。因之,文学影响自然也就得着相反的意义。凡此,一般文学者的错误,以及走到失败的路上的原因,都可归到他们不理解题材的现实性上。因为不理解题材的现实性,所以就有好的题材提供给他,也不能好好地将它运用得恰当。跟着,他们的写作也就不流于偏见,便陷于狭窄了,甚至把偶然的现象和整体对立了起来。

所谓题材的现实性,是要求写作家对于某一事件的真实面,都需要有更深入和广泛的观察,要使个体的现象——偶然的现象和整体求得统一而去发展它。但这点却正是不易做到的事——尤其对于一般没有深入社会层的写作家。所以谈到写作的困难,圆熟固是一点,但更重要的还是题材的把握。技巧只能帮助表现上的便利、活泼和更有力,但对于一篇不好的题材的补救仍然是无用的。反之,能把握住现实性的题材而写作,纵使技巧不怎样高明,而对于题材的展开是不会感到多大的损害的。——自然,写作家对于自己的写作技术是应当力求进步,以增进自己的文学表现上的力量。

谈到这里,一个写作者,或者一个渴想从事文学者应该怎样去把握题材,怎样使自己可以拿来写作的题材日见丰富充实起来,似乎是不必再谈也可理解了。这答案也就是:要不断增加自己的社会体验——不仅要知道它,而且必须理解它,不断地锻炼着自己的意志——坚实着自己的认识与勇气,题材是像无尽的宝藏摆在一切写作家的面前。

(选自《读书与写作》,读书生活出版社1939年版)